国師が語る「経済・外交・教育」の指針

自由を守る国へ

大川隆法
RYUHO OKAWA

まえがき

政界があわただしい。安倍総理外遊中に解散風が吹き始め、帰国するや否や、今年七―九月期のＧＤＰ年率換算値がマイナス一・六％となったので、消費税を八％から一〇％に上げるのを先のばしするために国民の信を問う解散なのだそうだ。

昨夜のＴＶニュースを視ていたら、七―九月期のマイナス一・六％成長は民間の誰もが予想していなかった悪い数値なのだそうだ。そうかな。私は第一回の増税前に既に予想していたのだが。「アベノミクス」は、財政再建のための増税と一体化して、「増税しても経済成長できる」と言い出した春の時点で、失敗が運命づけられていた。

ガラパゴス化する文科省の学問の定義同様、過去のものとなった経済学、財政学が海中に没しようとしているのだ。政治学も過去のものとなりつつある。ただ「自由を守る国」をこそ目指すべきだ。

二〇一四年　十一月十八日

幸福《こうふく》の科学《かがく》グループ創始者兼総裁《そうししゃけんそうさい》　大川隆法《おおかわりゅうほう》

自由を守る国へ　目次

自由を守る国へ

――国師《こくし》が語る「経済・外交・教育」の指針――

二〇一四年十月二十九日　説法《せっぽう》
東京都・幸福の科学総合本部にて

2　これからの「国防・外交」はどうあるべきか　38

3 **「道徳教育」「憲法改正」について**　61

4　**経済の「成長戦略」として打つべき手とは**　88

自由を守る国へ

――国師《こくし》が語る「経済・外交・教育」の指針――

二〇一四年十月二十九日　説法《せっぽう》
東京都・幸福の科学総合本部にて

質問者　※質問順

釈量子《しゃくりょうこ》（幸福実現党党首）

加藤文康《かとうぶんこう》（幸福実現党幹事長）

綾織次郎《あやおりじろう》（幸福の科学上級理事　兼《けん》「ザ・リバティ」編集長）

國領豊太《こくりょうぶんた》（幸福実現党事務局長）

［役職は収録時点のもの］

1　限界に来た「アベノミクス」に突破口《とっぱこう》はあるか

今後の「日本の政治のあり方」について率直《そっちょく》に意見を述べたい

大川隆法　現時点で、私が感じるところを率直《そっちょく》に述べさせていただき、今後の「日本の政治のあり方」、あるいは、「国際関係のなかにおけるあり方」等を考える一助になればと考えています。

いろいろな利害関係を切り離《はな》して、私なりの考えをお話しできればと思います。個別具体的なことはたくさんあるでしょうから、できるだけ多くの質問に答えるかたちで、一個一個、私の判定というか、考え方について、どう思っているのかということを述べてみます。

釈　質問させていただきます。国内政治に関しまして、第一次安倍《あべ》内閣は一年弱の短命政権でしたが、今回は一年十一カ月と、比較《ひかく》的高支持率を保っています。一方、九月の内閣改造後は、「政治とカネ」の問題で、つまずきも見せています。そこで、これまでの政権運営に関して、どのように見ておられるのか。また、「政治とカネ」の問題で攻撃《こうげき》してくるマスコミや野党に対して、どのようにお考えなのか、お聞かせいただければと思います。

〝長期政権の芽〟が出て「やや慢心《まんしん》した」ところをマスコミが嗅《か》ぎつけた

大川隆法　一回目の安倍政権に関しては、彼が若かったこともありますが、やや性急だったところがあり、自分の思うところを実現したいと焦《あせ》ったことで、短命に終わった部分もあったのかと考えています。

ただ、今回、民主党から政権を奪還《だっかん》し、内閣改造に入るまでの一年八カ月ぐらいは、慎重《しんちょう》な運営をしていたと感じています。

そういう意味では、必ずしも、自分の望むところ、いちばん目指すところに一直線で行くようなやり方ではないかたちでした。やや自制し、配慮《はいりょ》を見せながら、少しずつ前進していくというかたちの運営をしていたと感じられます。

ところが、ある程度、〝長期政権の芽〟が見えてきたあたり、あるいは、ライバルというか、総裁選の党員票では負けていた石破《いしば》さんを幹事長から外して、自分の思いどおりの政権をつくれると思ったあたりで、周りの見る目がやや変わったのではないかと思います。

同時に、朝日新聞が、「原発問題」と「従軍慰安婦《じゅうぐんいあんふ》報道」等において、産経や読売側のほうに立つ言論に、だいぶ押《お》し込《こ》まれていましたので、これも長年の宿《しゅく》願《がん》ではあったと思うのですけれども、朝日の廃刊《はいかん》を唱《とな》える言論人もいたりして、もう少しで封《ふう》じ込められるかという感じだったのではないかと思うのです。

そして、さらに第二次の増税に入ろうとしているところで、今まで安倍さんが慎重に自制しながらやってきたところに、「慢心《まんしん》の芽が出ているのではないか」というようなことを各種マスコミが嗅《か》ぎつけて、一頭の〝熊《くま》〟と思われる朝日に向かっていた〝猟犬《りょうけん》たち〟がクルッと向きを変えて、「違《ちが》う獲物《えもの》がまだほかにもいた」というところでしょう。

特に、週刊誌の場合は理論的整合性などまったく関係のない世界ですので、「そこに獲物があるかどうか」ということです。一週間で消えていく〝餌《えさ》〟ですから、それは、朝日であろうが安倍政権であろうが、〝獲物〟になれば構わないので、何でもよかったのだと思います。

かなりのベテランでもあるけれども、ある意味で、新人がよく引っ掛《か》かる罠《わな》にかけられた感じはあるでしょう。これは、いわゆる「ヨイショ落とし型」のものなのです。持ち上げて、あとで落としてくるというものに、ある意味では〝かかった〟かなというように見えます。

だから、朝日攻《ぜ》めで、「わが世の春が来るか」と思って、ちょっと緩《ゆる》んで、さらに、人気取りで女性の閣僚《かくりょう》を増やして、十パーセント以上も支持率を上げて、次の増税に突《つ》っ込んでいこうと思った段階で、「思わぬところに伏兵《ふくへい》があった」という状態に当たるのではないかと思うのです。

マスコミも「一定の機能」は果たしているところがある

大川隆法　この件に関し、読む人があまり悪い心証を持たれるといけないとは思いますけれども、マスコミというのは基本的に、ある程度までは〝手なずける〟ことが可能なのですが、「ペットにはならない生き物だ」ということは、知っておいたほうがよいと思います。

田中角栄《たなかかくえい》の秘書をしていた方で評論家にもなったある方が、「マスコミというのは蛇《へび》のようなもので、家で飼うこともできないわけではないけれども、安心して懐《ふところ》のなかに入れていると、いつ嚙《か》みつくか分からないものだ」というようなことを言っていましたが、言い得て妙《みょう》でしょう。ある程度、蛇を餌付《えづ》けして家のなかで飼うことはできるかもしれませんが、安心して懐に入れすぎると、嚙まれることもあると知っていなければならないのです。この距離《きょり》感は微妙《びみょう》だと思います。

これは、今後、幸福実現党にとっても同じことが言えます。マスコミが応援《おうえん》してくれ始めたら、次はいつ獲物にされるか分からない面もありますし、批判されているときでも、いつかは批判がやみ、またよくなる場合もあります。また、「黙《だま》っていて何も言わない」というのは最高の敬意である場合があり、非常に難しい〝ボディランゲージ〟を使う種族でもあります。

ただ、大きな目で見ると、政権に追い風が吹《ふ》いていたように見えたのに、急にいろいろな不祥事《ふしょうじ》が噴出《ふんしゅつ》してきたように見えることについては、十二月に、いちばんの目標である「消費税十パーセント上げ」に入るのかどうか、さらに、相続税を含《ふく》め、いろいろなものの税体系の見直しに入っていくかどうかということに対する〝ジャブ〟の部分ではないかと見ています。

「何もかも自分の思うようにいくと思ったら間違いだぞ。いつまでも応援してくれると思うなよ」という警告はあったかと思いますので、品性にやや劣《おと》るものはありますが、その意味では、マスコミとしての一定の機能を果たしてはいるわけであって、「提灯《ちょうちん》持ちだけをするわけではないぞ」と意地を見せたところもあるかと思います（注。その後、二〇一五年十月に予定していた、消費税八パーセントから十パーセントへの再増税は、一年半、先送りされる見通しとなった）。

個別には、まだ質問があると思いますので、詳《くわ》しくは、そこでお答え申し上げたいと思います。

「アベノミクス」と「財政再建」の二兎《にと》を追うのは厳しい

大川隆法　もう一つは、安倍さんは、麻生《あそう》さんと組み、いちおう「盟友」としてやってはいるのですが、前回と同じく、当初より、私どもが危惧《きぐ》しているのは、『アベノミクス』と『財政再建』の〝二兎《にと》〟を同時に追った場合はきついですよ」ということです。最初から矛盾《むじゅん》を含んでいる内容ではあったのです。

そういう意味で、「アベノミクスで景気がよくなっていけば、税収も当然増えるが、あまりに財政再建を急いだ場合、それがブレーキになって、アベノミクスそのものが成功しなくなるのではないか」という危惧をしてはいたのです。やはり、それが出てきた面が一部あると考えています。

財政再建を急いでいることは、気持ちとしては分かりますし、国際公約など、いろいろあることも分かるのですが、ある程度、先進国としての見識も要《い》るのではないかと思います。

というのは、日本が一九九〇年以降、経済的停滞《ていたい》を二十年余り続けている理由を考えてみると、「アメリカから始まった金融《きんゆう》財政に関係するグローバルスタンダード的な考え方や、格付け機関による支配などに則《のっと》っていこうとしたところ、日本の金融機関のシステムはそうとう崩壊《ほうかい》した」ということがあります。

これがよかったのか、悪かったのかは分かりませんが、結果的に見れば、「成長が止まった」というのは間違いのないことです。

ＥＵの中心地ドイツが抱《かか》えている、日本と同じ問題

大川隆法　アメリカ経済がかなりダッチロールしていますが、もう一つ、ＥＵが

一つの金融センターとしての機能を果たしている面もあります。これについては、また詳しく話してもいいと思っています。

やはり、中心地のドイツが日本と同じように、先の大戦の〝原罪〟を背負わされている状態にあり、事実上、リーダーシップを振るいたくても、「蟄居《ちっきょ》していろ」という感じの圧力がかかっているわけです。戦勝国および周りからも、「ドイツが強くなったら、何をするか分からない」という感じを持たれています。その意味で、ずいぶん「自制」をしているところがあります。

また、旧東ドイツ出身のメルケル首相が、ニュース等では大きな存在として報道されています。

第一次大戦後のアメリカの世界大恐慌《だいきょうこう》後、ドイツはすごいインフレを経験しています。今の教科書がどうなっているかは知りませんが、私たちが習った社会科の教科書には、リヤカーに札束《さつたば》を積んで引いているような写真がありました。歴史的にそういうことが起きたことに対して非常に警戒《けいかい》しているため、インフレに対して非常に強い懸念《けねん》を持っていますし、この考え方にフランスやイギリス等もそうとう追随《ついずい》しているという関係があります。

彼らは先進国なので、一国としてはそれでよいかもしれませんが、EUは加盟国が多すぎるのです。そのなかには、明らかに「後進国」と分類していい国もあります。

特に、近日、財政危機が伝えられていましたスペインやイタリア、その他、南《なん》欧《おう》のカトリック国など、もともと、「お金儲《かねもう》けをしたら、地獄《じごく》に堕《お》ちる」という教えを奉《ほう》じている国々においては、若者の失業率が四十パーセントを超《こ》えるような状況《じょうきょう》があります。これは、国として立ち行かない状況です。

メルケルさんの考えは、ドイツ一国の安全性を考えているとは思いますが、ある意味で、メルケルさん自身が、一九九〇年代の日本の三重野《みえの》元日銀《にちぎん》総裁や、当時の大蔵省《おおくら》（現・財務省）などと似たような思想を持っていると考えられるので、EUは危険な考え方を中心に持っていると思います。中心の部分に政治的な責任を持ち、強いリーダーシップで引っ張っていくだけの力がないわけです。

それから、今、私が日本に対して述べているのと同じように、そろそろ、ドイツに対しても「許しの原理」を与《あた》えなければ、政治的な力は出ないというように考えています。

国連などにおいても、日本にもドイツにも中心的な役割を果たさせないで、「お金だけよこせ」というかたちになっていると思うのですが、このあたりについて考えないといけません。

ですから、アメリカ発の金融に関する考え方も、ヨーロッパ発の考え方も、日本は鵜呑《うの》みにしてはいけなくて、日本は、日本なりの考え方を取らなければいけないと考えています。

だから、ドイツが、「財政規律第一」で考えて、ほかの、泡《あぶく》のような経済を生きている国にこれを当てはめたら、「失業」と「経済の縮小」が起きます。これは世界経済の混沌《こんとん》を生むはずです。それで中国が図に乗ってきている面もあったと考えますが、日本は、考え方を変える必要があるのです。

日本の国民資産は百五十兆円以上も増えている

大川隆法　これも少し専門的なので、まだ、ほかの質問も待ったほうがよいかとは思うのですけれども、現時点での、アベノミクスの成果そのものを見ますと、以前は、「国民の金融資産は一千五百兆円ぐらいはある」と言われていて、それが、リーマン・ショック以降、目減《めべ》りし、「一千四百兆円に近づいてきている」というように言われていたのですが、安倍政権下では、実は、この一千五百兆円と言われていた国民の金融資産が、今は、一千六百五十兆円か一千六百八十兆円ぐらいはあると言われています。

要するに、「国民の資産が百五十兆円以上は増えている」ということですので、国民は豊かにはなっているわけです。

一千六、七百兆円の国民の金融資産になっていて、財政赤字のほうが「一千兆円を超えるか超えないか（一千二百兆円に増えているとする説もある）」ということを言っていますが、つまり国債《こくさい》が一千兆円ということは、国民のほうは数百兆円ぐらいの黒字といいますか、〝債権者〟として、余裕《よゆう》資金を持っているということです。

私が言っているとおり、政府機関としての政府のほうが倒産《とうさん》し、デトロイト市のように、給料が払《はら》えないとか、リストラしなければいけないとかいうようなことが来ることは、可能性としてはあるけれども、国として、「国民国家」としては、潰《つぶ》れはしません。これを再建すること、「政府のつくり直し」は可能です。

国自体が債務国になって倒産するのであれば、もう、どうにもなりませんけれども、現実には、国のほうは、トータルで見て、今、数百兆円の黒字ですから、〝国の破産〟ということはありえないし、国債の九十パーセント以上は日本国民が持っていますので、逃《に》げる先がありませんので、その意味では、そう簡単に潰れるような状況にはないわけです。

いずれにしても、（安倍政権は、アベノミクスと財政再建の）〝二兎〟を追いました。追ってもよいのですが、多少、時差をつくるぐらいの胆力《たんりょく》は要ったのかなという気がしています。

特に、日本の政権は、二年以上もたないようなことが多いので、急いだところはあるのかもしれませんが、セクショナリズムの面もあったのかなと思うのです。

もちろん、自分が財務省に身を置けば、財政再建をしたいという気持ちになることはよく分かりますし、それから、財務事務次官が交代するたびに、一つずつ成果を残してから辞《や》めていきたいという気持ち、役人の名誉《めいよ》というか、「自分の一生の仕事として、これだけのものを遺《のこ》した」とか、「何か、二パーセントでも、三パーセントでも（税金を）上げて実績を残したい」とかいう気持ちも分かります。彼らも、一年、二年で代わっていきますので、急いでいるのはすごく分かるのですけれども、やはり、もう一段の長期思考が必要なのではないかという気がするのです。

財務省が嫌《きら》う「民間活力による自然増収」の考え方

大川隆法　そういう意味で、国民の総資産が増えてきているため、消費税の増税を急がなくても、放っておけば、実は、（国民がお金を）使い始める可能性が極《きわ》めて高く、その場合には、当然、（消費税は）自然増収になってくるわけなのですが、ここのところが、いちばんのポイントになります。

今、予算を組む時期に入ってきていますが、予算を組む場合には、「歳入《さいにゅう》計画」を立てなければいけないわけで、歳入計画を立てる場合には、例えば、現在の経済に対して、「税率をこう変えれば、これだけの増収が見込める」という計画が立つわけです。

その計画に基《もと》づけば、支出の計画も、当然、予算が立つわけですが、「景気がよくなると、自然に税収が増える」という、幸福実現党がよく言っているようなやり方だと、要するに、結果論になりますので、「次の期は、それに則ってできるかもしれないけれども、今期の予算は組めないではないですか。それだと、予算を増やすことができないから、やはり、『税率上げ』を決めることで、予算の増額ができるのです」ということでしょう。

このタイムラグが起きるために、財務官僚は、税率を上げるかたちでの予算増、税収増を図《はか》りたがります。そうすれば、それをばら撒《ま》くにしても、計画的にできるわけです。

「自然に増収になってきたら、それに則って、あとから拡大する」というようなことは、後手後手《ごてごて》になるので、あまり好きではありませんし、「民間が頑張《がんば》って、税金が増えました」などということは、それほどお好きではないわけですが、実は、根本的な問題は、ここのところにあります。

しかし、これは、当会なども実践している「無借金経営」と、本当は同じことなのです。

計画的にしたかったら、「最初に銀行から耳を揃《そろ》えてお金を借り、三カ年計画で均衡《きんこう》経営を達成して、その後、利益を出す」とか、「五カ年、十カ年と計画を立て、銀行から借りたお金で設備投資をし、人を雇《やと》い、事務所を借り、商品を仕入れ、売り、商売をして、あとは均衡して黒字を出す」というような計画にはなじむやり方ではあります。

しかし、「無借金経営」をしようとしたら、結果的には、努力してお金を貯《た》めることで、だんだんと手持ち資金を増やしていき、それに合わせて計画を変更《へんこう》し、イノベーションをかけながら、だんだん大きくしていかなければいけないので、最初は遅《おそ》く見えるのです。

その遅く見える期間は、おそらく三年から五年ぐらいであり、一定期間を越《こ》えると、今度は力を持ってき始めて、〝加速度〟を増してくる考えなのですが、事務次官の交代時期が、一年から、長くて二年であることと、大臣などの期間も短いようなことが、こういう考え方を非常に難しくしているところがあるのではないかと考えます。

トータルで見ると、そういう感じです。

「政府主導型の景気浮揚《ふよう》策」が縮まってきている

大川隆法　また、現状は、国民の資産は増えていますが、消費のほうは、四月の消費税上げで、やはり、やや低迷《ていめい》していて、まだ、夏商戦を越えて完全に抜《ぬ》け切っていないどころか、次の増税に向けて、少し財布《さいふ》の紐《ひも》がキリキリと締《し》まってくる感じがあります。そのへんの庶民《しょみん》感情を、マスコミは敏感《びんかん》に受け取っていて、警告しているのではないでしょうか。

ですから、「安倍首相の目標にある、二回増税して、さらに、憲法改正に入るところまで、政権をもたせられるかどうか」ということについては、今、非常に難しいところにさしかかってきているのではないかと考えています。

それからもちろん財務省についても、増税をする前には、多少、政府のほうでも努力しているところを見せなければいけないでしょうから、これから、幾《いく》つかの役所の不要な部分に対して、大鉈《おおなた》を振《ふ》るったように見せるようなところをつくらなければいけないだろうと思うのです。

各省庁に対して、「どこを削《そ》いだか。予算をカットしたり、無駄《むだ》な仕事を取ったりしたか」というようなところを、一、二カ月は見せなければいけないところであるので、そういう意味では、一時期、政府主導型の景気浮揚《ふよう》策がグーッと縮まるように見える時期に、今は来ているのでしょう。

アベノミクスの「三本目の矢」は行き詰《づ》まっている

大川隆法　そういう意味で、「アベノミクスの三本目の矢の『成長戦略』には、もう、手がないのではないか」というように見えてきているところが、一つかと思います。

「地方創生《そうせい》」ということで、以前にはライバルであった（石破《いしば》）前幹事長を担当大臣に置いていますが、「地方創生のなかには、海外にお金を撒くところまで入っている」などと言い始めて、若干《じゃっかん》、定義的に問題があるかとは思いますが、要するに、日銀が金融緩和《かんわ》をしても、お金の使い場がないわけです。

「タダでも借りない時代」というのは、非常に問題の多い時期です。民間で借りる場合、タダにはなりませんけれども、もともとは「ゼロ金利」ですので非常に安いことは間違いありません。しかし、借金をすれば返さなくてはいけないわけですから、新規の商売をやって、成功して返すだけの自信がないわけです。

つまり、いつ不況がまた戻《もど》ってくるか分からないし、株価も上がってはいるものの、いつまた下がるか分かりません。ついこの前、〝火傷《やけど》〟をしたところですので、信用し切れないわけです。

そのため、「国土強靱化《きょうじん》」といって、ゼネコンを中心とした大型投資を行い、景気を早くよくしたいところではあるのですが、ゼネコンのほうも賢《かしこ》いので、いきなり、「たくさんの事業を始めて、人を雇い、公共工事を数多くやって、好景気にしよう」と言われても、「人が足りない」などと言って、採用をそれほどせずにいます。やはり、一時的なバブル型の経済拡張を警戒していると見ていいと思うのです。

なぜなら、政権が代わったり、何かがあったりしたときに、そうした公共事業は急に止まる恐《おそ》れがあるからです。急に社員を増やし、各地でさまざまな事業をたくさんやって、途中《とちゅう》で、「やっぱり、やめた」と言われたときには、倒産の危機がやってきます。

実際、ゼネコンは九〇年代に、一度、倒産しかかっています。幸福の科学が取引している大手ゼネコンなどでも、株価が十一円までいったときがありますので、「これは潰れるか」と本当に思いました。

そのようなときに、そのゼネコンの寮《りょう》を買い取ったり、日光精舎《にっこうしょうじゃ》（幸福の科学の研修・修行施設《しゅぎょうしせつ》）などもわざわざ発注したりしました。そのゼネコンが、もし潰れたら困るので、もう一社を入れて、ジョイントベンチャーで二社でやらせたのです。片方がもし潰れた場合は、もう一社に完成させてもらわないといけないからです。そうしたこともしながら、株価が〝紙切れ〟になりかかっているゼネコンにも、当会が事業を発注して、何とかもちました。普通《ふつう》、株価が十一円までいった場合は倒産するのが普通ですが、もったのです。

そのようなことがあったため、ゼネコンのほうも、実は、警戒しているわけです。「人手不足でできない」と言ってはいるものの、失業者も三割ぐらいはいるわけですから、雇えないことはないのです。

しかし、〝巡航速度《じゅんこう》〟でいきたいわけです。国の経済成長がゼロパーセントに限りなく近いのに、自分の会社だけ、何割増しの景気や二倍景気などが、いつまでも続くとは思えないからです。それを、もう一回スリム化するときには、大変なリストラ、借金の返済等をやらされる可能性があるので、信じられないために、自分らで再建をゆっくりと遅くしているのです。

そのへんが難しいところです。トータルの〝オーケストラの指揮者〟の役割というのは、やはり簡単なことではないなと思います。

以上、全体的なことについて簡単に述べました。

2　これからの「国防・外交」はどうあるべきか

加藤　私からは、「国防・安全保障」分野への、これまでの取り組みについてお伺《うかが》いしたいと思います。

振《ふ》り返りますと、日本では今、集団的自衛権の行使容認や、日米同盟の強化への取り組み、国家安全保障会議の創設、そして、まだ微々《びび》たる金額ではありますが防衛予算の増額、さらに申し上げれば、「防衛装備移転三原則」の見直し等が進んでおります。

また、十月三十日告示の沖縄《おきなわ》県知事選におきましては、普天間《ふてんま》基地の辺野古《へのこ》移設問題が大きな焦点《しょうてん》になっています（注。十一月十六日投開票の沖縄県知事選では、辺野古移設容認派の現職・仲井眞弘多《なかいまひろかず》氏が落選し、移設反対派の前那覇《なは》市長・翁長雄志《おながたけし》氏が当選した）。

私どもとしましても、辺野古移設路線は、国益上も絶対に必要だと考えていますが、そのあたりにつきまして、大川隆法総裁は、トータルでどのように評価なさっているのかをお伺いしたいと思います。

沖縄《おきなわ》の人たちに申し上げたいこと

大川隆法　朝日新聞事件とも絡《から》みますが、〝平和勢力〟というのは朝日・岩波言論人が、戦後、ずっと維持《いじ》していたものです。そのへんが、言論界と教育の中心に座《すわ》っていたわけです。

また、「憲法九条堅持《けんじ》が、日本の安全保障と経済発展につながっていたのだ」という〝神話〟を戦後教育でずっと教わっていたわけですが、事情がかなり変わってきつつあるのではないでしょうか。

ですから、沖縄《おきなわ》の人たちに私が申し上げたいことは、次のようなことです。沖縄は先の太平洋戦争、大東亜《だいとうあ》戦争の最終局面において米軍の上陸を受けて、何十万の人が亡《な》くなったところではありますので、その被害《ひがい》が、まだまだ頭のなかにあると思います。

まさしくアメリカ軍によって、爆撃《ばくげき》され、艦砲《かんぽう》射撃されて、島をボコボコにされた上で、海兵隊に上陸されて、さらには、山のなかや洞窟《どうくつ》のなかに逃《に》げ込《こ》んでいる一般《いっぱん》市民が、火炎《かえん》放射器という兵器で焼き殺される状態でした。

自分ら（アメリカ兵）は撃《う》たれないように、何十メートルも離《はな》れたところから火炎放射器で洞窟のなかを焼き尽《つ》くすというようなことをされて、たくさんの市民が亡くなったわけですので、その記憶《きおく》はまだあるでしょう。

「従軍慰安婦《じゅうぐんいあんふ》の記憶がある」という人もいるくらいだったら、こちら（沖縄の人）だってやられた記憶は当然あるし、〝バンザイクリフ〟から飛び下りた記憶も、そうとうあるでしょう。肉親を殺されたこともあるでしょう。潜在意識的《せんざい》に見れば、「米軍は憎《にく》い」と思っているところもあるだろうし、「撤退《てったい》してほしい」という気持ちはたぶんあるだろうと思います。

ただ、考えなければいけないことは、一般には国内情報ばかりでなかなかよく分からないけれども、「国際情勢の変化」はよく見なければいけないということです。

アメリカ軍が沖縄《おきなわ》から撤退《てったい》したら、今の香港《ホンコン》状態になる

大川隆法　その国際情勢の変化の一つとして、香港《ホンコン》の「雨傘《あまがさ》革命」で、七百万人の小さな香港が、十四億人近いメインランドの中国と対決しています。

やはり、「自由と民主主義、繁栄《はんえい》主義が失われるということが、どれほどのコ

ストに相当するか」ということです。香港の繁栄そのものがなくなるかもしれないということで、「雨傘で戦っている」という状況《じょうきょう》です。

彼ら（香港）には核《かく》兵器もなければ、膨大《ぼうだい》な軍隊があるわけでもありません。軍隊があっても、たいてい中国の言うことをきく軍隊しか入れませんので、そのなかで、言論だけで戦っています。

ただ、イギリスが香港を手放して十七年たちましたが、イギリスのほうが何らの手伝いもしないという状況において、言論だけで戦うことの難しさはあるでしょう。これでも一カ月ぐらい頑張《がんば》っていると思いますけれども、けっこうリスキーだと思います。

つまり、アメリカ軍が沖縄《おきなわ》から撤退《てったい》したあとは、その香港状態に近づいていくことを意味しているということです。「沖縄の人たちも雨傘で戦うのですか?」ということです。

中国では国の要職にある方が、「沖縄、琉球《りゅうきゅう》は中国のものだ」とすでに公式発言していますので、「抵抗《ていこう》しなければ、口一つで取れる」と思っている状況であるわけです。

ですから、「（沖縄から）アメリカ軍を撤退させる」という考えも、もちろんありますけれども、その場合は、「大日本帝国《ていこく》海軍の復活を要望するのですか?」という質問とタイアップすることになります。「沖縄のほうを日本海軍が守るというかたちで、もっと強化していくことになりますけれども、米軍ではなくて日《にっ》章旗《しょうき》なら構わないのですか?」というところの論点は、詰《つ》められていないと思います。

「軍隊さえなければ平和になる」という考えは、共産主義的な考え方と一体化してあると思うけれども、共産主義は日本国内だけでは「平和勢力」ですが、他の国においては「軍事国家」のことをいいます。税金を全部軍事に投入して、民《たみ》を抑《おさ》えるわけです。

「抑え込んで、国の言うことをきくというレベルにおいて、〝すり潰《つぶ》して〟平等にする」というのが共産主義の全体的なやり方ですので、「そのほうがよい」と本当に思っているのかどうかです。

安倍《あべ》総理の「ダイヤモンド作戦」への見方

大川隆法　さらに、フィリピンが米軍基地を撤去させたあと、また米軍に守ってもらおうとして、今、一生懸命《いっしょうけんめい》に動いているところについても、考えなければいけません。
インドも、中国に対して一定の取引をしつつも警戒《けいかい》している状況もあるし、チベット問題みたいなのが起きないように、周りの国のネパールやその他の国も、いちおう警戒はしているわけです。

スリランカだって中国の軍港（中国が軍事的利用を念頭に建設を支援してきた港湾）がありますけれども、これだって取られたくはないでしょう。また、ベトナムも、共産主義国として米軍を追い出したのですが、今は、「中国のほうが怖《こわ》い」という状況です。

そういう意味で、「朝日」的な歴史観から見れば、「中国、韓国《かんこく》の声」が「世界の声」であって、「日本は世界から孤立《こりつ》する」というのは、「中韓から批判される」ということであったわけです。

ただ、今、安倍《あべ》総理が、「ダイヤモンド作戦」ということで、アメリカ、オーストラリア、インド、日本辺りをダイヤモンドの形に線で結び、これで、中国の拡張主義を抑《おさ》えようとする作戦を取ったということについては、歴史的には、より創造性の高い考え方であり、頑張ったと思います。

この点については、マスコミのほうは、まだ十分には評価できていません。

やはり、「世界とは、中国と韓国のことだ」と思っているようなマスコミも多く、また、中韓が接近しているということもあって、ここのところは十分には理解できないのだと思います。

安倍《あべ》総理の「海外出張」が多すぎたのが、やや難点

大川隆法　なお、私は、政治家が法律を知っているかどうかを試《ため》すのは、「団扇《うちわ》に公文書を印刷し、それが討議資料になっていたのかどうか」ということではないと思います（笑）。

そういう法律議論もあるようですが、やはり、そういったことを法律的に正確に知っているかどうかというよりも、「シーレーン」とか、「抑止力《よくしりょく》」とかいう言葉を知らない政治家のほうが、むしろ怖いのです。「シーレーン」や「抑止力」を知らずに法務大臣などをされたら、大変なことになります。

鳩山《はとやま》元総理は、辞《や》めるときに、「抑止力ということを勉強させていただきました」などと言っていましたが、こちらとしては、〝ずっこける〟以上のところまで行ってしまいました。「自分らが平和を思っていれば、みなが平和になる」と思っていたのかもしれません。宗教でさえ、もう少しリアリズムを持っているなかで、それは極《きわ》めて〝能天気な宗教〟的な政治だったと思います。

それに比べれば安倍《あべ》政権は、「外交政策」および「軍事政策」「国防政策」のところについては、比較《ひかく》的短期間で着実に進めたのではないでしょうか。

一点、付け加えるとすれば、岸田《きしだ》外務大臣が存在しながら、安倍さんが外務大臣を兼《か》ねているように見えるところもあって、外務大臣が独自に十分な外交をできていなかった面があります。それには、外務大臣自身の〝線の細さ〟もあるかもしれませんが、このあたりについて、（安倍総理が）外務に吸い込まれすぎたために、ややトータルで、〝コンサートマスター〟として全体を見る目の部分ができかねていたでしょう。海外出張が多すぎて、その部分が十分にはできていなかった面があったという気がします。

もちろん、アメリカに関しても、引き続き、防衛的な観点、世界の平和を維持するという観点は持っておいてほしいと考えます。

習近平《しゅうきんぺい》に見る「法家《ほうか》思想」の危険性

大川隆法　今、問題になってきたのは、中国の習近平《しゅうきんぺい》国家主席です。彼は、中国の古代思想が大好きで、特に、「法家《ほうか》思想」が非常にお好きのようなのです。

韓非《かんぴ》の法家思想もありますし、『韓非子《かんぴし》』という本がありますが、法家思想の変形である商鞅《しょうおう》の思想もあります。「変法《へんぽう》思想」という、変形した法家思想ですけれども、これで一国を強くした実績があるので、習近平は、こうした商鞅のよ

●商鞅〈前390～前338〉中国戦国時代の秦国の政治家。法家思想をもとに秦の国政改革を進め、天下統一の礎を築くも、周囲の反感を買って刑死した。

うな方も大好きなようです。ただ商鞅は、自分がつくった法律によって、自分が国外逃亡《とうぼう》できないように捕《つか》まえられて、車裂《くるまざ》きになったような方ではあります。

また、明治時代にも、江藤新平《えとうしんぺい》が、明治政府において警視総監《そうかん》のような役割（司法卿《しほうきょう》）をしていましたが、この反政府運動を取り締《し》まっていた方が、野《や》に下《くだ》って、「佐賀《さが》の乱」の首班《しゅはん》になって、今度は〝やられる側〟になったということもあります。

これは法家思想のよくある運命なのですが、自分が敵をやっつけるのであれば、法律をできるだけ厳しくして責め立てるほど、よく効き目があるので、それを使いたいのだけれども、流れが変わって、今度は、自分が野党側、裁かれる側に回ったときには、〝同じ刃《やいば》〟が自分にも向いてくることがあるのです。

中国は、今、言うことをきかないところに対しては、法家思想的に、規律で締め上げていこうと思っているわけですが、こういう思想は、流れが変わったときに、最後には習近平以下の共産党幹部自身を裁く〝剣《けん》〟にもなるでしょう。

同じような法家思想は、ある意味では日本にも入っています。法律万能《ばんのう》主義がけっこう出ていますが、考えなければいけないことは、「毎日毎日、国会で法律をつくることは正しいことだ」と、必ずしも思ってはいけないということなのです。基本的に、法律というのは人間の自由な行為《こうい》を縛《しば》るものですから、法律は少ないほうがよいわけです。

もちろん、最低限守ってもらいたいラインを示すのは大事なことではあって、お互《たが》いの「自由と自由の相剋《そうこく》」を避《さ》けるための、最低限のルールは必要でしょう。

例えば、「道路は右側も左側も自由に走っていい」と言われたら、交通事故が多発しますので、自由の制限にはなるけれども、日本では「車は左側、人は右側」などと決めていますし、外国では右側通行のところもあります。そういう混乱を避けるための法律で、自由に制限のある場合もあるでしょう。

しかし、法律を真面目《まじめ》につくって増やすことばかりを仕事にしていたら、だんだん不自由になっていくので、それではやはり困るわけです。

不自由になっていくとどうなるかといえば、「産業の活発化」や「イノベーション」、あるいは「新しい企業《きぎょう》の創出」等に、非常に制約がかかってくることになります。

立法趣旨《しゅし》を忘れた公職選挙法の「行きすぎ」

大川隆法　公職選挙法の話に戻《もど》ると、公職選挙法にも、やはり一つの法家思想のようなものがあるでしょうが、もともとの立法趣旨《しゅし》からすれば、「チャンスの平等」を保障するためにあったのだと思うのです。

すなわち、財閥《ざいばつ》や大地主《おおじぬし》、あるいは「親が政治家で地盤《じばん》を持っているから」などということで、特別に有利にならないように、一般の人でも選挙に参加でき、挑戦《ちょうせん》のチャンスを平等に与《あた》えるために、いろいろな条件を決めて、「これを守ればハンディがなくなり、同じようになる」と考えてつくったものであるはずなのです。

しかし、これが、政治を志す者や政治家を、ひっ捕《と》らえたり潰《つぶ》したりする〝道具〟に使われ始めています。要するに、「敵を潰す道具」に使われたり、新規に政治に参画していく人で、ベテランほど〝網《あみ》の目〟を抜《ぬ》けるのが上手ではない人たちが引っ掛《か》かりやすくなっていて、有力な人たちが新規に政治参加するのを非常に委縮させる効果があるわけです。

さらには、政治家で現職の人でも、緩《ゆる》いときには見逃《みのが》すのに、きつくなってきたら、それを使って、ひっ捕らえようとします。まるで、交通違反《いはん》や酒気《しゅき》帯《お》び運転を捕らえるがごとく、大臣クラス、あるいは総理クラスの人でも、百万円や二百万円程度の帳簿《ちょうぼ》付けの問題や、いろいろと資金源や人がはっきりしないものの等で追い込んでいくようなことも、できないわけではありません。そういう凶器《きょうき》にもなりかねない面があるのです。

私は、公職選挙法は、「チャンスの平等」を認めるためにつくったものであって、本来は処罰《しょばつ》が目的でつくったものではないと考えています。

これを厳格にやりすぎれば、末端《まったん》の役人といいますか、警察官や選挙管理委員会や、その他、選挙のお手伝い等、秩序《ちつじょ》を守るために働いている人たちが、〝政治家狩《が》り〟〝政治家志望者狩り〟の道具に使われることにもなりかねないので、このあたりについては、やはり、もう一度、立法趣旨を考え、害の出てきた法律等については緩めるなり、リストラするなりを考えなければいけません。

要するに、「国益になるような結果がもたらされるものにしなければいけない」と思うのです。

「小選挙区制度」で、新規の勢力が出にくくなった

大川隆法　それから、「小選挙区制度」などは、大部分を小沢一郎《おざわいちろう》さんあたりが考えたものだと思いますが、実際は、一党だけがものすごく強くなる制度でしょう。

もともと、これを考えたのは「憲法改正」を視野に入れていたためで、一党がものすごく勝たなければ憲法改正ができないので、そういう選挙区制を入れたのですが、かたち上《じょう》は、「政治資金がかからないようにする。選挙区を小さくすれば、お金がかからない政治ができる」というようなことを言ったのです。しかし、本当は憲法改正が目的で小選挙区制にしたのだと思います。

それによって、お金がかからないようになったかもしれませんが、第二、第三勢力が当選しなくなっていきました。つまり、「第一党と第二党だけの争いにな

って、たいてい第一党だけが勝つ」というかたちになり、新規の思想や勢力が出にくい状態になってきています。

そういう意味で、「言論の自由性の担保ができなくなってきている」という面があると思います。

したがって、法律をつくるだけが国会の仕事ではなく、ドラッカー的にイノベーションをするため、「体系的廃棄《はいき》」をするべきものは、していかなければいけないと考えます。これについては、また、個別の質問があるでしょう。

「国を守ること」を、なぜ学校で教えないのか

大川隆法　話が少し広がりましたが、軍事的なことについては、学校ではあまり教えません。防衛大学校などは別かもしれませんが、一般の大学では教えないので、このあたりを知らないことは大きな問題かと思います。

歴史では多少教えますが、具体的に、「なぜ、こちらが勝ち、あちらが負けたのか」と追究するようなことはしないでしょうし、結果だけを淡々《たんたん》と教えていると思います。

しかし、「国を守る」「国民の安全・平和を守る」ということは、非常に大事なことです。平和を唱えていて平和になることもありますが、一方で狙《ねら》われる場合もあるので、そのときに守れるだけの体制がなければ駄目《だめ》だと思います。隙《すき》があれば狙ってきます。これは何でもそうです。

例えば、「夏の夜は暑いから、窓を開けたまま寝《ね》る」ということは、「泥棒《どろぼう》に入ってくれ」と言っているような面があるので、開けっ放しにしている者にも問題があります。

「盗《と》るものが何もない」というのも一つの方法だとは思います。「盗るものは何もないので、ご自由にお入りください。ただ、足跡《あしあと》をつけたら、きちんと拭《ふ》いて帰ってください」と貼《は》り紙をしておけばいいぐらいであれば、それでも構いませんが、盗られるものがあるなら、いちおう警戒をすべきでしょう。

そういう意味で、日本がこれだけ豊かな国になっている以上、国を守らなければ、国際的な商業都市や金融《きんゆう》都市ができない面もあると思うのです。つまり、一定の常識ラインがあるのではないかと考えています。

「親中派の幹事長」を置くことによる危険性

大川隆法　特に、前回（九月）の内閣改造においては、中国のご機嫌《きげん》を取るために、親中派の人を少し入れましたので、このあたりが、もし内閣全体を弱くする方向に働くのであれば、危険性があると思います。
今（説法時点）の自民党の幹事長は法務大臣もされた方であり、親中派と目《もく》されている方でありますが、「元法務大臣の人が幹事長にいながら、法務大臣があれだけ責め立てられているとき、何一つ助け船を出せないというのは、実に情けない法律知識だな」と私などは思います。三十歳《さい》過ぎまでかかって司法試験を通ったわりには、勉強が足りないという感じがします。

この方は弁護士資格を持ち、法務大臣の経験もありながら、幹事長をしているため、例えば、石破《いしば》さん程度の緻密《ちみつ》な論理を組み立てられる言論力があれば、どうにか締めることができた可能性があると思うのですが、そのあたりについては傍観《ぼうかん》者であったようなので、「まだまだ危険度があるな」という気がします。

外交も大事なのですが、もう一段、国全体の指揮をきっちりしなければいけない面があるため、能力的にかなり厳しくなっているのでしょう。もう一段上の「片腕《かたうで》」ないしは「参謀《さんぼう》」になる人がいないと厳しい状態になってきているのではないかという感じがします。

「頭のいい役人」が強くなると、新しいことができなくなる

大川隆法　最近、外交評論家の岡崎久彦《おかざきひさひこ》さんが亡くなられたばかりですが（二〇一四年十月二十六日）、安倍総理は、歴代の政治家のなかでは、岡崎さんが言っておられるシーレーンの考え方などをよく理解した総理の一人です。歴代の総理は、あまり理解していなかったし、民主党政権などはまったく理解していませんでした。

そのへんを、いわゆる〝大学的〟な意味での頭のよし悪《あ》しだけで差別や批判をする勢力があるわけです。それは、朝日・岩波勢力の原点でもあるのですが、「学歴主義」というものがかなりあるからです。

これについては、私も批判は少ししにくいところがあります。〝ブーメラン〟で返ってくるのは嫌《いや》なので、あまり言いたくはないのですが、東大などは、もと

もと、「明治時代に、役人になるためにつくった大学」というような面がありま す。

役人になるための教育というのは、商売をやったり、事業をやったりするのに、それほど向いている教育の仕方ではありません。そのため、その人たちが中心になってやると、新規なことや危機管理への取り組み、あるいは、イノベーションを行ったり、企業家精神等を発揮したりするのには、少し難しい面があるのかなという気がします。

ただ、ある意味では、学歴のようなものも一部は必要かと思います。学歴のある方が緻密《ちみつ》な仕事の詰めをやってくれることもあるし、大きな所帯であれば、そのような人がいてくれないと仕事が回らない面もあるので、必要なのです。ですから、「人の組み合わせ」が、実に大事なのではないかと思います。

やや散漫《さんまん》になりましたので、この話はこの程度で止《と》めます。

3 「道徳教育」「憲法改正」について

綾織　私からは、道徳教育、あるいは、歴史教育についてお伺《うかが》いしたいと思います。

このほど、「道徳の教科化」ということが決定しました。これは、「愛国心や規《き》範《はん》意識などを教える」という点で非常に重要なことと思います。

そうした教育分野における取り組みについて、どのようにご覧になっているのでしょうか。特に、来年は戦後七十年ということで、「新たな首相談話、あるいは、官房長官《かんぼうちょうかん》談話を出してほしい」という国民の声もあります。そうした期待も含《ふく》めまして、お伺いできればと思います。

マスコミの目を気にして「本音を語れない政治」が続いている

大川隆法　（首相談話については）言葉で明確に発信していないので、マスコミの揚《あ》げ足取りをそうとう警戒《けいかい》しているのだろうとは思いますが、本心から言えば、もう少しはっきりとした考えを、おそらくお持ちなのだろうとは思います。

ただ、それをストレートに出せないでいるのです。「あれだけの議席を取っていて、ストレートに言えない」というのは、なかなか大変なのだなと感じます。

また、今回の安倍政権に対する攻撃《こうげき》の仕方を見ても分かるように、マスコミというのは、一瞬《いっしゅん》にして方向が変わり、逆転してくる可能性があります。そのため、一つの失言から、すべてが崩《くず》れるようなこともあるので、「確かに、本音が語れない政治になっているのだな」と、つくづく感じます。

一方、幸福実現党は、落とそうと思って落とそうにも、現時点では議席がないので落としようがありません（笑）。そのため、「自由にものが言える」という言論の自由を確保できています。

「道徳教科書等を繕《つくろ》って、担任がそれを授業する」というようなことになれば、日教組《にっきょうそ》や北教組《ほっきょうそ》などに入っていて、担任を持っている人が大勢いますが、そうした日教組等の人にも道徳の教科書を講義させようとするわけですから、抵抗《ていこう》運動は当然ながらあるでしょう。

そのような、日の丸を掲《かか》げて起立したり、「君《きみ》が代《よ》」を歌ったりすることに対しても反対しているような人たちに、さらに道徳を授業させるとなると、彼らから見れば、「砒素《ひそ》か何かの毒を飲め」と言われているような感じに見えるでしょう。おそらく、そう見えているので、これもそうとう大きな事業になるのではないでしょうか。

「憲法九条」を「解釈《かいしゃく》」でごまかすのは、ずるいこと

大川隆法　さらに述べますと、「道徳だけで戦おうとしたら、やはり無理があるのではないか」と、私は考えています。

やはり、「憲法九条の改正は素直《すなお》にしたほうがよい」とは思っているのですが、文面を読めば、いろいろ「解釈学《かいしゃく》」で逃《に》げ切っている部分があるわけです。今は政府の閣議決定での解釈のようなものも出ておりますし、気持ちが分からないわけではないのですが、法律学者から見れば、そういうふうに見えるのです。

憲法九条の解釈にしても、たかが一学者の解釈ごときで、「一切《いっさい》の戦略を持たない」と書いてあるところが、「自衛隊は軍隊ではない」ということになっているわけです。要するに、「幾《いく》らでも解釈できる」ということでしょう。

「自衛隊は軍隊ではない」といっても、はっきり言って、陸・海・空軍はある

でしょう。しかし、「陸・海・空の自衛隊は、自衛隊であって軍隊ではない」というわけです。

これが通用するなら、「団扇《うちわ》が文書である」というのを押《お》し通すのは簡単だと思います。私の感じとしては、〝一万分の一〟ぐらいの力しか要《い》らないのではないでしょうか。今の自衛隊が軍隊ではないと、国際的に押し通せるのであれば、「団扇など、そんなものは文書に決まっているではないですか」と押し通すことなど、私は、一万分の一の力でやってのける自信があります。

そのように、解釈でやっていくのは、本当はずるいことであって、法律として変えるべきです。それができない場合に解釈でやっているわけですが、実際は、「もう解釈でやらなくてはいけない」と、大所高所《たいしょこうしょ》から見て感じているのだろうと思います。

また、道徳の教科書のところも、やはり、どちらとも取れるところがあります。

日教組系からすれば、思想・信条の自由や、学問の自由など、いろいろなものを侵害《しんがい》しているというような見方もあるのでしょう。国家における強圧的な「良心の侵害、人権の侵害だ」というような言い方もあるとは思うのです。

しかし、逆の側の見方もあって、「もっと道徳心を教えてくれないから、学校に行けない子供がたくさん増えている。不登校の子が増えているし、いじめが増えている。（学校の）値打ちがなくなってきているのではないですか。税金の無駄《む》遣《だづか》いになるのではないですか。税金を使うからには、やはり、学校には、子供が道徳的にも学力的にも高くなるようにしてもらわないと困るんです」という意見だってあるでしょう。

そのように、違《ちが》う考えがありますので、ぶつかるところはあるのだと思います。

「信教の自由」に影響《えいきょう》を与《あた》える、憲法の「政教分離《ぶんり》規定」は改正すべきである

大川隆法　もう一つ、憲法九条以外に、私が改正してほしいのは、「信教の自由」の規定です。「信教の自由は、これを保障する」（憲法二十条一項）というのはよいのですが、その一方で、「国家が、特定の宗教に権力を付与《ふよ》してはいけない。特定の宗教が権力を行使してはならない」と読めるような条項《じょうこう》（同二項、三項）が、「政教分離《ぶんり》規定」としてあるわけです。

しかし、憲法改正をするなら、ここも改正していただきたいと思います。

宗教について、特段に何か言う必要はないでしょう。これを言うなら、例えば、「特定のマスコミが、政治と権力を行使してはならない」と言っても、別に構わないわけです。あるいは、「特定の大学が政治権力を行使してはならない」とい

うことも、もっともなことです。そのように、何とでも言えるわけですが、具体例として憲法に入れられた場合、そこは悪いことでもしているかのような印象が出てしまいます。

要は、憲法にそういうものが入っているがゆえに、宗教だけは、ほかの職業に比べて悪いイメージがあるわけです。あるいは、ほかの活動に比べて、宗教活動だけは悪いようなイメージがあって、それが蔓延《まんえん》しており、それが教育のほうにも影響《えいきょう》しているように見えるのです。

つまり、「政教分離規定」があるために、これが、「学問の自由」や、「思想・信条の自由」等にも影響を与《あた》えているのではないかと思います。

ただ、もともとの立法趣旨《しゅし》からすれば、明治憲法において、国家神道《しんとう》における天皇が、日本神道の祭祀長《さいしちょう》というか神道の長《ちょう》であり、それが国家の元首でもあって、軍隊の指揮権まで持っていたというのを、何とかして分けたかったわけです。

「宗教的パワーを持って、その頂点にいる人が、軍事的なパワーも行使できるとなったら、もはやオールマイティーではないか」ということなのでしょう。

「これはイスラム教と変わらないではないか」ということでしょう。かたち的に見ればイスラム教と同じです。国家元首が「宗教の長」でもあって、かつまた「軍事的な長」でもあるということを実行すれば、イスラム教そのものになります。

日本の歴史観を理解しない占領軍《せんりょう》が「政教分離《ぶんり》規定」をつくった

大川隆法　戦後、アメリカは、「なぜ日本はあれほど強かったのか」という分析《ぶんせき》を徹底的《てってい》にして、その結果、一つには、「本質的には、宗教と政治の合体がある」というところが分かり、「ここを切り離《はな》してしまえ」という考え方があったと思うのです。

アメリカなどでも、もちろん、票としては宗教勢力を取り込《こ》んでいるので、宗教家が大統領の顧問《こもん》になったり、いろいろとやったりしてはいますが、あまり密着したかたちでの権力行使をしているとは見えないようにはしています。

しかし、日本国憲法をつくった占領《せんりょう》軍の若い人たちの、日本の歴史に対する理解は十分ではなかったと思うのです。すなわち、日本の二千数百年の歴史を見れば、「政治と宗教がどれほどの補完関係、あるいは共同関係にあって、この国が保たれてきたか」ということです。

もし、「政治の長」としての天皇に宗教性がなかったならば、百二十五代も続くことはまずないと思われるのです。単なる実力だけの戦いでトップになれるというのであれば、幕府はいつも必ず倒《たお》れていますので、中国における王朝と日本の幕府は変わらないでしょう。すぐに政変が起きても天皇制が倒れなかったのは、「宗教的なるもの」が乗っていたからです。これが日本の万世《ばんせい》を貫《つらぬ》く安定のもとになっている部分なのです。

さらに、日本神道の教えの足りない部分については、仏教や儒教《じゅきょう》などを取り込むだけの寛容度《かんようど》もあったわけです。ある一つの宗教を持っているために、人々が「思想・信条の自由」や「良心の自由」を侵《おか》されたり、「信仰《しんこう》の自由」を侵されたりするのではなく、その宗教自体のなかに、寛容度と、ほかのものを取り込む力があったと思うのです。

したがって、日本国憲法は、こうした歴史観を十分に理解していない人たちがつくった憲法草案だったと、私は思っています。そのように、実態とは違う面もありますので、「特定の宗教に政治権力の行使を認めない」という条項は、できれば外してほしいと考えるものです。天皇陛下のところを〝お飾《かざ》り〟にして、実権を持たせないようにしているところもあるのかもしれませんが、それを宗教全体にかけて言わなくてもよいのではないでしょうか。

天皇制のあり方については、別途《べっと》、議論してもよいかとは思いますけれども、宗教全体に対して「政教分離《ぶんり》規定」をかけられたら、「宗教はみな、基本的にはオウムのようなものだ」と言っているように聞こえなくもありません。

これが、大学における学内伝道や布教《ふきょう》活動の禁止のようなものになっているのでしょうが、「宗教は道徳の基礎《きそ》になっている」ということも知らなければなりません。

要《い》らなくなった法律は見直し、廃止《はいし》すべき

大川隆法　やはり、「法律万能主義」に陥《おちい》ってはいけないのです。法律というのは〝諸刃《もろは》の剣《けん》〟であり、役に立つときもある一方で、つくった人たち自身をも苦しめる面があることも知っておく必要があります。

法律が必ずしも百パーセントの信認を得ているわけではないため、利害の相反《あいはん》

する部分は必ず出てきます。そこで、最低限の法律は要《い》るとしても、それ以外のところについては、一般《いっぱん》的に規範的な道徳律が補完すべきでしょう。

その規範的な道徳律のもとになるものとして、健全な宗教の存在があり、「この場合、どうしたらよいか分からない」というようなときには、やはり、健全な宗教的思想から、「こういうふうに判断すべきだ」ということを引いてきて、それが世間《せけん》の一般的な判断になればよいわけです。それを、いちいち法律で決められると、そのときにはよくても、あとでよくなくなることがあります。

あまり毎日毎日、〝勤勉〟に法律をつくられても困るので、新しくつくったとしても、みな時限《じげん》立法にしてほしいぐらいで、何年かしたら、もう一回見直しを入れてもらわないといけません。『六法全書』もどんどん大きくなってきて、もうあんなものは読めませんし、重くて持ち運び不可能になりつつあります。やはり、消すべきものは消さないといけないと思うのです。

古代中国の劉邦《りゅうほう》の「法三章《ほうさんしょう》」という思想のようなものは、やはり、ありうると思うのです。

したがって、「これとこれだけ守っていれば、あとはよい」という部分は、基本的にはあるべきだと思います。頭がよく、勉強をした人が、細《こま》かいことをやりすぎることに頭を使いすぎて、全体が見えなくなったり、創造性がなくなったりしていくのであれば、少し問題でしょう。

政治は細《こま》かくやりすぎても、うまくいかない

大川隆法　これに対して、こういうたとえがよいかどうかは分かりませんが、私は、歯医者さんのようなことを考えてしまうのです。

歯医者さんは細《こま》かいです。細かいがゆえに助かっている面もありますが、「歯医者さんの細かい仕事がよい」ということと、「全部が歯医者さんになったらよ

●法三章　漢の高祖・劉邦が、秦の苛酷な法を廃して制定した三条の法律。殺人・傷害・窃盗のみを罰するとする。転じて、法律を簡略で緩やかなものとすることをもいう。

い」ということには、少し違う面があるということです。

よい技術で、〝細かいところ〟まで治してくださるのはありがたいのですが、全部が全部そうなってもいけませんし、医療《いりょう》などにおいても、非常に細かいことを言いすぎて、ものすごく義務付けのようになり、金をたくさん使わせている面はあるような気がするのです。

そういう意味で、若干《じゃっかん》、受験勉強を強化しすぎて、頭が細かくなりすぎた点が、そういう職業に、いろいろと影響しすぎている点については、気をつけなければいけないのではないでしょうか。

私も、小学校一年生か二年生のころに歯医者に行っていたら、虫歯を治療するのに、一年間も、綿《わた》の詰《つ》め替《か》えばかりされたことを覚えています、消毒剤《しょうどくざい》か何かは知りませんが、「綿をつけて、神経を弱らせていくような感じの薬をなかへ詰め込んで、仮に、上に蓋《ふた》をしていく」というようなことを、奥歯《おくば》のところにされていたわけですが、一年も、それをずっと続けていたのです。

「これは、何かおかしい。神経を殺すのに、一年もかかるのだろうか。おかしいなあ」と思い、隣町《となりまち》の歯医者に行ってみました。悔《くや》しいことに、隣町の鴨島町《かもじまちょう》というところのほうが少し人口が多く、私が住んでいた川島町《かわしまちょう》が八千人で、鴨島町が二万人ぐらいいたのですが、その鴨島町の歯医者に、勇気を起こして行ってみたところ、三日で治ってしまったのです。

つまり、騙《だま》されたわけです。客を維持《いじ》したいから、常に、上の蓋を取り替え、綿を取り替えるだけで、ずっと客を放さないようにして、通わせていただけだったのです。ほかの歯医者では三日で治ってしまったので、「ちょっと、これはないだろう」ということがありました。細かい仕事なので専門知識がないと、人は相手の思うようにやられてしまうことがあり、難しいものです。

このように、細かい、技術的な事柄《ことがら》で冴《さ》えわたっていることには、歯医者さんのように役に立つ部分もありますが、そうせずに、もう少し〝ザル〟のようにしなければいけないところもあります。

ですから、「政《まつりごと》をうまくやるには、どのようにしたらよいか」というように訊《き》かれたときには、「四角い升《ます》のなかに入っている味噌《みそ》を、丸い玉じゃくしですくうようなやり方でしないと、うまくいかないよ」という意見もあるわけです。「隅《すみ》から隅まで、味噌を削《そ》ぎ取るようなやり方をしていたら、政治はうまくいかないので、玉じゃくしで、四角い升からすくっていくような感じでやらないといけないところがあるんだよ。潔癖《けっぺき》主義で細かくやりすぎたら、今度は、何にも動かなくなるのですよ」ということです。

そのあたりのところはあるでしょう。

自由のためには、厳格だけでなく〝ファジー〟なところも必要

大川隆法　今、日本では、成人は二十歳《さい》ということになっていて、投票権等を十八歳に下げようとしていたり、成人年齢《ねんれい》も、欧米《おうべい》風に十八歳まで下げるかどうかということが議論の余地にはなったりしています。

しかし、実際に大学に入ると、新歓《しんかん》コンパなどがあり、運動部などに入ったら、先輩《せんぱい》たちが寄ってきて、「俺《おれ》の酒が飲めないのか」と言ってくることがあります。こうしたことに対して、「これは法律違反《いはん》であり、私は前科者になりますから嫌《いや》です」というような答えができるかといえば、やはり、そう簡単にはできないもので、無理やり飲まされます。「俺の酒が飲めないのか」と言われたときには、そういうことが起きているわけですが、警察も、そこまで入ってきて捕《つか》まえはしません。警察学校でそういうことをしていたら、それは問題が起きるとは思いま

すけれども。

このように、そういった〝ファジー〟な部分は、やはり、ある部分にはありますので、「全部が百パーセント厳格であればよい」とは、必ずしも言えない部分があるのです。

それから、交通違反等の取り締《し》まりもあるかとは思いますが、監視《かんし》カメラがやたらと増えてくる社会というのは、やはり〝怖《こわ》い〟社会です。

ロンドンなどにも、「十人に一台ぐらいの割合で監視カメラがある」と言われるほどの数がありますが、今はコンピュータ社会ですので、「一瞬にして、あらゆる情報が入る」というのもうれしいですが、怖いものはあります。本当に、これは、独裁者の支配下に入ったときには、完全に逃げる余地がない状況《じょうきょう》になってきますので、ある程度〝ザルッと〟したところも残さないと危険です。自由のためにはザルッとしたところも少し残す必要はあると思っています。

「間違《まちが》った学問の自由」が「信教の自由」を侵害《しんがい》している

大川隆法　アメリカが先の大戦で日本軍が憎《にく》かったのは分かります。「天皇陛下万歳《ばんざい》！」と言って突《つ》っ込んでくる〝怪《あや》しげな宗教〟と、この軍隊は、もう怖くて怖くてしょうがなかったと思うのです。

戦後の宣伝では、「神風特攻隊《かみかぜとっこうたい》は、ほとんど撃《う》ち落とされて、まったく無効だった」と言われているのだけれども、最近の情報がいろいろ出てくると、「どうも実際は、かなり戦果はあげていたらしい」ということが分かってきました。

特攻隊は半分ぐらいは撃ち落とされていたかもしれないけれども、半分ぐらいは本当に突っ込んでいるらしく、そのうちの約半分は実は当たっていて、何らかの被害《ひがい》をアメリカ側に出しているらしいのです。

このへんは、アメリカ軍が一生懸命《いっしょうけんめい》に情報統制をしたところだと思いますが、実はかなりの恐怖《きょうふ》だったらしいということは分かってきています。

そういうのが宗教と一体だった怖さを知っているし、今のイスラムでもジハード（聖戦《せいせん》）をやって怖いでしょうけれども、ジハードのもとになっているのは特攻隊だと言われています。

そのへんで、宗教全体が「性悪説」のように取られている面があって、学問の自由や思想・信条の自由等にも影響は出ているというふうに考えられます。

ただ、ほかの基本的な人権が幾つかありますが、ほかの人権よりも「信教の自由」というのは、人間の本当の「尊厳」にかかわる大事な人権です。

当会は、いろいろなマスコミの一部と〝交戦中〟ではあります。「死後の世界があるかどうか」について一部のマスコミとも言論戦をやっていますけれども、死後の世界があるかないかは、どちらかで、「イエス・オア・ノー」です。

しかし、現象として死後の世界があるというのは、いろいろなリサーチを積み重ねた結果、これは百パーセントであって、九十九パーセントということはありえないし、「百パーセントある」と当会のほうは分かっています。

つまり、真理の側は、「霊界《れいかい》や人間の魂《たましい》があって、魂が何らかのかたちでこの世に生まれ変わって、あの世に去っていくというのが、生と死の意味だ」ということです。

「学問」が真理を探究する場であるにもかかわらず、この真理が全部間違《まちが》っていて、「淫祠邪教《いんしじゃきょう》」「いかがわしいもの」「詐欺罪《さぎざい》の仲間だ」というふうに考えるのが主流だというのなら、学問に間違いがあるわけです。

そういう「間違った学問の自由」のほうが「信教の自由」よりも上であるならば、大きな問題がここにあると思います。

道徳教育のもとにある「宗教」を尊重すべき

大川隆法　また、「政教分離規定」のようなものを使うとすれば、「宗教と学問の分離」みたいな規定だってつくれないわけではないし、「学問には宗教は立ち入るべからず」というような規定だって、つくれないわけではありません。

あるいは、「宗教と科学の分離」の規定だってつくれないわけではなくて、「あらゆる科学は宗教的影響を受けてはならない」ということにすれば〝科学万能大国〟ができるような幻想《げんそう》は出ると思います。ただ、これが真理に反しているのだったら、やはりおかしいでしょう。

「科学の研究」を中世の教会が妨《さまた》げていたのなら、そこは少し反省すべき余地はあるとは思いますけれども、すべての宗教がそうではありませんので、ここのところ（政教分離規定）も、できたら変えていただきたいと私は思います。

先の大戦で米軍が受けた「トラウマ」から来ているものだとは思うけれども、日本の政治から「宗教性」を取り去ったら、日本の国体そのものの問題になるのだということです。

だから、成文《せいぶん》憲法だけが「憲法」ではないし、そういう「慣習法」としての憲法もありますし、「不文法」でも構わないのです。

天皇制にかかわるものは、どちらかといえば、本当は慣習法に近いもので、天皇制というのは成文憲法として存在していたわけではなくて、明治以降にわざわざつくったものです。

そういうものはなくても天皇制というものが連綿として続いていたのは、やはり宗教的な面から存在したものだと思われるわけです。

そういう意味で、「成文憲法がすべてだ」と思うような「立憲主義万能型」の法律教育、憲法教育等は、実は大きな弱点を含んでいると思います。それは、歴史教育や文化についての幅広《はばひろ》い教養を欠いている部分があるというところを言わざるをえないので、こちらのほうの「政教分離規定」も、憲法改正の〝まな板〟に載《の》せていただきたいと思います。

もし、「悪い考え方に走る」というのならば、当然、これは宗教だけでなく、学問にも悪い学問はありえるわけですし、悪い文化というものもあるわけですし、悪い映画もありえますし、悪い漫画《まんが》も、悪い小説も、たくさんあります。その悪い小説が流行《はや》ることによって、国民がみんな洗脳され、おかしくなることもあるわけですから、それは宗教だけとは限りません。

善悪の基準というのは、また別途、別のものですので、これは、「ネズミが被害を受けすぎるから、ネコは全部縛《しば》っておけ」というような感じの法律だと、私は思うのです。幸福実現党のほうとしては、次に、ここを言わなければいけないのかなと考えています。

そういう意味で、道徳教育には賛成ですけれども、その道徳教育のもとになるところの「宗教心の尊重」、および、「宗教に対してかけられた鎖《くさり》のようなものを外していくこと」。これをしなければいけないのではないかと思います。

現に、マスコミのほうは、「表現の自由」「報道の自由」と言っていますが、正反対の言論があるということは、「どちらかが正しくて、どちらかが間違っている」ということが、しょっちゅう起きているのではないでしょうか。間違ったから存在を許されないというのならば、マスコミも存在を許されないでしょう。

宗教でも、間違うことはあるかもしれません。結果的には間違うこともあるかもしれませんが、間違えた場合には、必ず、別の宗教なり、それを批判する宗教なりが出てきて、宗教家を正そうとします。それはマスコミも同じだと思うのです。

いずれにしても、過去の一時期のことで、すべてを考えるのは問題であり、やはり、「宗教心を高めるということがあった上で、道徳も大事だ」というように考えていくべきだと思います。

それが、私の考えです。

4　経済の「成長戦略」として打つべき手とは

國領　経済の問題について、もう少し質問させていただきます。

第二次安倍《あべ》内閣発足《ほっそく》を受けて、安倍総理は、いわゆる、アベノミクスの三本の矢を打ち出し、特に、金融緩和《きんゆうかんわ》を背景とした株価の上昇《じょうしょう》等が進行しました。

しかし、三つ目の矢である「成長戦略」については、先ほどの大川隆法総裁のお話にもありましたように、もはや打つ手がなくなっている状況《じょうきょう》にあると言えると思います。

そこで、総裁が考えられる、これから必要な成長戦略、あるいは、経済政策などについて、ご教示を頂ければ幸いです。

産業の基幹である銀行株が低迷《ていめい》し続けている

大川隆法　今、株価全体は上がっているのですが、上がっていないところも、一部あります。そのなかには、産業の基幹の部分である銀行などがあるのです。そういうところの株が上がっていませんので、これは大きな問題だと、私は思っています。

要するに、日銀《にちぎん》が金融緩和をして、市場にお金を出しても、銀行に体力がないということであれば、銀行のほうは不良債権《さいけん》を恐《おそ》れますので、やはり、不良債権になるような貸出《かしだし》先に、貸し出すのを躊躇《ちゅうちょ》するでしょう。

九〇年代に負った大きな傷もあり、「たくさん貸し出しておいて、また不良債権になり、潰《つぶ》れるというようなことがあってはたまらん」という気持ちがあるため、ここのところに、何らかのメスを入れなければいけない点があるのではないかと思います。

九〇年代は、一方的に、「銀行の自己資本比率が幾《いく》らなければいけない」などと言われました（ＢＩＳ《ビス》規制）。それで行くと、日本の銀行は、客観的に見れば、すごく大きかったのですが、自転車操業みたいなところがあったのです。

例えば、預金残高が五十兆円あるとか百兆円あるとか言っても、ほとんどは預金を借り入れていて、その預金者に利子を払《はら》いながら、借り入れた預金をほかの企業《きぎょう》に貸し、企業からは、預金者に払う利子よりも少し高い利子をもらい、「こちらで払いつつ、こちらから入ってくる」というような感じで、ずっと流れ作業でやっているわけです。

ただ、これが動いている間、自転車のように走っている間は大丈夫《だいじょうぶ》ですが、もし動きを止《と》め、動態的ではなく、静態的な状態で、スタティック（静止の）、要するに動かない状態で、断層写真でも撮《と》るように見てみたら、どうなるでしょうか。これは、借金が回転しているだけかもしれません。借金をして、その借金を又貸《またが》しし、儲《もう》けているだけではないかと思います。

当時、銀行の実態が非常に悪いということで、「自己資本比率を高めるべきだ」と言って、「ＢＩＳ基準（自己資本比率規制）がどうのこうの」と言っていたように思いますし、それを持ち出して、「銀行の格付けも、それに合わせてやるぞ」というようなことで、九〇年代には脅《おど》しをかけられたと思います。ところが、その結果、不良債権がたくさんあるということになって、不良債権を減らさなければいけなくなり、いろいろなところの融資を引き揚《あ》げることになりました。

その前の八〇年代には、融資の貸出合戦《がっせん》を一生懸命《いっしょうけんめい》にやっており、要《い》らない金まで貸し込《こ》んできて、「土地を買え」とか「建物を建てろ」とか、いろいろ言っていた銀行が、今度は、「どれだけ早く引き揚げるか」という動きになりました。

確かに、槍《やり》の名人は、「突《つ》く」よりも「引く」ほうが速いという説もあるでしょう。突き刺《さ》さったままで抜《ぬ》けずに、足で蹴飛《けと》ばさないと抜けないようでは、次の一刺しができずに斬《き》られてしまいますから、抜くことが大事だと言われています。

そのような感じで、九〇年代には「ほかよりも早く融資を引き揚げる」という競争を経験しました。それが銀行間の競争であって、不良債権を減らして、銀行の中身をよく見せるわけです。要するに、不良債権を減らして自己資本比率を高めるという運動をやった結果、どうなったかといえば、次々と企業倒産《とうさん》を招き、さらには、体力がないので銀行同士の合併《がっぺい》が生じ、たくさんのリストラが起きたのです。

「グローバルスタンダード」という言葉に騙《だま》された日本

大川隆法　そのもとには土地政策もありました。八〇年代は「バブルだ」という大合唱が起きて、「土地の値段を下げるべきだ」ということになったのです。「東京都内の土地代金だけで、アメリカ全土が買えるなどというのは絶対におかしいから、これは間違《まちが》いだ」ということで、「バブルだ。バブルだ」と言い、土地の値段を下げるべきだということで、当時の大蔵省《おおくらしょう》銀行局からの通達が出されました。そして、「総量規制」ということで、土地を買うための融資をすることに規制がかかってき始め、次に土地の値段を下げたわけです。

これは、宮澤《みやざわ》内閣の政策でもあり、「資産倍増」「自宅が持てる」などと言っていたのですが、実際、暴落して持てるようになる自宅というのは、ひどいものでした。「年収の何倍かで土地付きの家を買えるのを理想にする」というようなことを言っていましたし、確かに、今でも離島《りとう》などに行けば家を建てることはできるかもしれません。しかし、そこまでして住んでも意味がないでしょうし、マンションに住んでいても仕事場に近くなければ意味がありません。そういう意味では、考え違いがあったのではないでしょうか。

また、マンハッタンや香港《ホンコン》などに比べれば、東京や関東圏《けん》には、まだまだ土地はありますし、高層化も十分ではありません。東京タワーに昇《のぼ》ってあたりを見ても、高層ビルがあるのは一部の所で、ほかの所には低い建物がたくさん建っています。非常に見晴らしがよく、だいたい百五十メートルぐらいまで上がれば、富士山《ふじさん》がよく見えるような状態です。土地のないマンハッタンや香港のように高層化しているわけではなく、岩盤《がんばん》がしっかりしている新宿《しんじゅく》や一部のところに建っているだけなのです。

ただ、東京は非常に頑丈《がんじょう》な都市だとは思います。台風が二週連続で来ても、ほとんど被害《ひがい》が出ませんでした。防災対策もしっかりした都市が出来上がっていると思います。

そういうことで、日本には、ほかの国の基準をそのまま当てはめられても困るところがあったわけです。やはり、「グローバルスタンダード」という言葉に、そうとう騙《だま》されたところがありました。日本を没落《ぼつらく》させ、中国を発展させようとした〝策士〟、あるいは〝軍師〟が、アメリカのなかにいたのではないかと、私は感じています。

例えば、「スタンダード&プアーズ」のような格付け機関は、国連でもないのに、何の力をもって、そういう民間企業の格付けによって、株価を上げたり、下げたり、潰したりできるのかという、少し、そのへんにうろたえるようなところがありましたが、中国でさえ、「ノーベル平和賞」に対抗《たいこう》して、「孔子《こうし》平和賞」を出すぐらいですから、日本であっても、総力を結集して、格付け機関を勝手につくり上げればいいわけです。そうしたものをつくって、やるべきだったと私は思います。

また、今、文科省なども、「大学そのものの国際競争力が落ちている」ということで、やいのやいの言っていますが、このへんも気をつけたほうがいいと思っています。

八〇年代ぐらいであれば、日本の銀行などは、世界のベストテンのなかに、確か、八行《こう》ぐらい入っているような時期があったと思います。日本は銀行がそれほど強かったので経済もとてもよかったのですが、そうした銀行も、もう没落していることでしょう。

「大学の格付《かくづ》け」で日本が低くなった本当の理由とは

大川隆法　日本の大学であっても、もう少し格付《かくづ》けが上だったと思います。日本が、「ジャパン・アズ・ナンバーワン」と言われたころは、格付けがずっと高かったのですが、今はずっと低くなっています。

その理由を見ると、「留学生が来ている数が少ない」「外国に留学する人の数が少ない」「英語で書いた論文の数が少ない」、あるいは「日本人が書いた論文を、ほかの海外の大学等が引用して、論文作成をしたりする回数が少ない」など、そのような基準から見て、日本の大学は格付けが低いと言っているのです。しかし、そのようなものは〝偏見《へんけん》〟もいいところだと私は思っています。

私は、今、英語教育のほうも、さまざまな教材をつくったりして、やっていますが、言いたいことは何かと言うと、確かに、アメリカの大学などにも、いろいろと立派な大学はたくさんあるし、最先端《さいせんたん》の研究も数多くやっていて立派だと思うし、けなす気は全然ないものの、「彼らは、国語でやっているのだ」ということです。それだけは知らなくてはいけません。アメリカ人は、国語で研究して、国語で発表して、それで、「海外も、自分たちアメリカの国語の勉強をしろ」と言っているわけです。

しかし、日本には日本語があって、それが日本中で通用します。それで仕事が、全部、完結しているのです。研究もできるし、勉強もできるし、仕事もできるようになっています。これは、かなりの先進国なわけです。日本は日本語だけで通用するのです。

一方、アジアの後《おく》れている国やアフリカの国は、その国の言語だけでは、仕事もできなければ、学問もできません。そのため、英語やほかの言語を勉強しなければ、学問や仕事ができないし、教育のレベルも上げられない状態にあります。ところが、日本は明治以降の努力の結果、日本語でできるようになりなっているのです。

さらに、日本人は「ノーベル賞も少ない」などと言われているかもしれませんが、日本語で研究開発しているなかには、実は、〝ノーベル賞級〟のものが、いろいろな会社のなかに数多くあるのです。しかし、日本語でやっているために、外国人には読めないし、分からないので、わざわざ英語の論文にして発表し、海外に公表しないかぎりは、「それがノーベル賞級のものだ」ということが分からない状況なのです。

その意味で、ノーベル賞は少ないかもしれませんが、少ないがゆえに、日本の隠《かく》れた発展力に実はなっている面もあるわけで、「それを全部丸見えにすることが、必ずしもいいとは言えない部分があった」ということは知っておいたほうがいいと思います。

今、日本の学生は、「英語の勉強をして、非常に高い点を取らなければ、海外のいい大学に行けない」とか、「留学できないので、減っている」とか、「東大からの留学生も十数人ぐらいになっている」とか言われていますが、海外の大学に行っても、学ぶものがあまりなくなってきているのは事実です。

英語のものは、みんな日本語になってしまっていて、日本語で勉強できてしまうので、行く必要がなくなってきつつあるのです。異文化体験としては、まだ非常に貴重なところはあるものの、実は、「国としての力」が上がってきているわけなのです。

はたしてハーバードの学生は日本の大学を卒業できるか

大川隆法　競争率だけで言えば、北京《ペキン》大学や清華《せいか》大学などは、人口から見るとすごい競争率で、入るのは、日本の東大に入る人よりも、十倍も百倍も頭がいい人が入っているように見えると思いますが、やっている内容の問題があります。結局、学ぶものがなければ行ってもしょうがないわけなので、そうした内容の問題があると思うのです。

それは、客観的、公平には判定されていないでしょう。ですから、〝逆に〟見ればいいのです。例えば、「ハーバードの学生は優秀《ゆうしゅう》なので、ハーバードの上位十パーセントの人は、日本の大学に留学するように」という条件を付けてみたらいいわけです。何人卒業できるか、賭《か》けてみたいものです。

日本語学科の人は卒業できる可能性はあると思いますが、数は少ないでしょう。それ以外の学問をやっている人は、優秀な学校の人たちでもほとんど卒業できないと思われます。（ほとんどの授業が英語で行われている）秋田の国際教養大学ぐらいであれば、ハーバードの学生は卒業できる可能性はありますが、日本の普《ふ》通《つう》の国立大学や私立大学では、九十数パーセントは卒業が不可能だと思います。

ところが日本人や、アジア、アフリカの人たちが留学した場合、かなりの確率で卒業して帰ってきています。母国語以外の第二言語を使って、そこでの学問を通過してきているわけですから、実に頑張《がんば》っています。そのあたりの違いを知らなければいけないと思います。

例えば、私が東大にいた時代は、今から三、四十年も前ですが、当時、カナダから留学生の女子などが本郷《ほんごう》の法学部の授業に出ていましたので、好奇心《こうきしん》から横に座《すわ》って、どのようにノートを取っているのかを覗《のぞ》いてみたのです。ノートを見れば、授業が分かっているのかどうかが分かるからです。

しかし、彼女のノートを見ると、英語と日本語の〝ちゃんぽん〟で書いてありましたが、私の〝落書き〟と大して変わらないものでした。「これでは卒業できないだろうな。聴講《ちょうこう》にしかならないだろうな」ということが分かりました。そこまで日本語力を上げて来てはいないわけです。かじってはいるのでしょうが、法律の勉強を日本語でした場合、とてもではありませんが卒業できないのです。特に裁判所の文章や判例などは難しいので、読めないでしょう。普通の日本人でも読めないぐらい難しいわけです。

そのようなことを考えると、あまり気にしないほうがいいのではないかと思います。仕事上、英語などを勉強して、海外で活躍《かつやく》できることはいいことだと思いますが、そういう、勝手につけられる順位などには、あまりこだわりすぎないほうがよいでしょう。

「日本発のもの」を独自につくる努力を

大川隆法　それから、「日本発のものを独自につくっていこう」という努力をするべきではないかと考えます。

経済的な面から話は始まりましたが、「外国から押《お》しつけられたもののなかには、有害なものがあった」ということは知っておいたほうがよいでしょう。「アメリカやヨーロッパ、ＥＵが言ったから正しい。日本もそのとおりにしなければいけない」と思うことには少し問題があるわけです。「世界各国の人々がマクドナルドを食べて、コカ・コーラを飲む世界が必ずしもよいとは限らない」ということは、知っておいたほうがよいと思います。

いろいろな国にファーストフードがありますし、日本には「うどん」もあれば、

「そば」もあるわけです。それらはヨーロッパでは食べてくれないかもしれませんが、日本は、うどんやそばで間に合っているわけです。

しかも、こちらのほうがヘルシーです。マクドナルドなどで食べていたら、中高年の心臓病で亡《な》くなる人の率は極《きわ》めて高くなり、病院の治療費《ちりょうひ》もかかるので、大変です。ですから、食文化を変えられても困るわけです。

そのように、「グローバルスタンダード」は、そんなに簡単には成立しません。「グローカル」という言葉もあるように、「グローバルにならなければいけないが、ローカルなものも生かしていかなければならない」という考えは要るでしょう。

経済原理にもそういう面があります。

今、アメリカ経済、ＥＵ経済、日本経済、中国経済等は、それぞれ独自の動きをしており、完全に一緒《いっしょ》にはならないかもしれませんが、「違い」については〝翻訳《ほんやく》できるレベル〟で付き合えるようにしていくことが大事です。

　また、イスラム経済もあります。ここも変えなければいけませんが、おそらく完全に一緒にはならないでしょう。ただ、お互《たが》いに理解ができる範囲《はんい》までは歩み寄る必要があると思っています。

「長期系銀行」の復活で外国への長期貸付《かしつけ》をする

大川隆法　こうした点から日本経済について考えてみましょう。

　いくら、日銀が「金融緩和」「異次元緩和」によって緩《ゆる》めても、銀行経由では融資が隅々《すみずみ》まで行き渡《わた》りませんし、不良債権がたくさん出た場合、その引き揚げ合戦をすることに、みな懲《こ》りています。

　このように、「銀行を信用していない」ということが、昨年のドラマ「半沢直樹《はんざわなおき》」の高視聴率にもつながっているわけです。工場や会社が潰れたり、社長が首を吊《つ》ったりするようなことがたくさん起きたので、みな、それを忘れていないのです。

要するに、「すぐにコロッと変わるようなものを信じられない」という気持ちがあるので、金融政策を安定させる部分をもう少し行わなければいけないと思います。

それから、安倍総理について、もう一つ、私が最初から予想していたことがあります。お金を〝だぶつかせた〟場合、日本で消化できなくなるだろうと推定していたのですが、やはり、自分自身で中南米へ行ったり、アフリカへ飛んだり、インドへ行ったりして、長期の貸付《かしつけ》、政府借款《しゃっかん》をしようとしていますけれども、それは首相の仕事ではないのです。本来は首相がしなくてもよい仕事でしょう。

これについては、一九九〇年代に、政府は長期系銀行の三行《こう》を潰しましたが、あれにも一定の意味はあったのではないかという気がします。

やはり、目先の決算ばかりを追うのではなく、国を発展させたり、外国に投資するにしても、長期で発展途上国《とじょう》を成長させるような戦略を考える民間が要るのではないでしょうか。

今、都市銀行はその機能を吸収したことにはなっていますが、もともとはリテール、つまり小売系で、個人や会社の決算に合わせて融資しているケースが多いため、基本的には長期的視点が弱くなったと考えます。やはり長期系の銀行のようなものは、あってもよいのではないかと思うのです。

そうすると、どのようになるかといえば、長期系の債券の運用と一体化してくるはずです。今は、国債を買う以外に能がない状態になっていますが、長期系の債券であれば、ある程度の金利が出るため、貸出金利も出る一方で、債券にも利回りが付くため、ある程度の資産運用ができるようになります。

そのようにして、もう少し資産の運用ができるようにして、お金持ちをつくっていかなければいけない時期ではないでしょうか。

「お金を持っている人は悪人だ」ということで、税金によって取り上げるような風潮が流行《はや》れば、それは、「もはや『悪平等《あくびょうどう》』で『貧乏《びんぼう》の平等』しか来ない」と、みな考えるはずです。「大金持ち」が憎《にく》いのであれば「中金持ち」や「小金持ち」でも結構ですけれども、もう少し資産を運用して大きくできるようなシステムを固めないといけません。

株にしても、いまだに信用し切れないところがありますので、安定的に資産を運用でき、安定的に融資できるようなものも、もう少し何か考えないといけないのではないかと思います。

したがって、安倍さんは経済的にやりすぎている面があって、かつて「トランジスタラジオのセールスマン」といわれた池田勇人《いけだはやと》元首相がしたように、「日本のセールスマン」となって、あちこちに行っていますけれども、それは要するに、「日本国内で長期投資を受けても、未来が信じられない」というのが現実なのでしょう。

そういう意味で、長期系銀行をつくったほうがよいのではないかと思います。威張《いば》りすぎないように警告しておきたいとは思いますけれども、もう少々そういうところも必要です。

「思い込《こ》み」を排《はい》して「日本モデル」をつくっていく

大川隆法　それから、「資産をどのようにして運用できるか」という運用先についても、もう少し考えなければならないでしょう。

資産運用をして利殖《りしょく》を生むようになると、金儲けしたい人が出てくるわけですが、それを叩《たた》き潰してしても、結局、よいことはありませんので、やはり、資産を運用できる先をつくっていかなければいけません。

「カジノのようなものをつくって税金を取ってやろう」と狙《ねら》うのも分かるので

すが、倫理《りんり》的にはよし悪《あ》しがあります。「香港やシンガポールでされるぐらいなら、日本で金を落としてほしい」と、外国人の金持ちを呼びたい気持ちがあるのは分かります。ですから、完全に「してはいけない」とは言いませんが、どうせ半分以上は損をすることが分かっているので、「損をさせて税金に換《か》える」ということが、あまり流行りすぎても困るという気がします。

もし、「税収だけ増やしたい」という目的であれば、「国民全員、タバコを吸うように」と言えば、たばこ税をたくさん取れるので、税収は増えるでしょう。「国民はタバコをしっかり吸ってください。大人になった証明です。タバコを吸わない人には投票権を与《あた》えません」と言えば、タバコの税金をたくさん取れるかもしれません。

それから、塩分の摂《と》りすぎで高血圧になり、成人病、生活習慣病になって、病院に入る人が増えるため、「塩分を減らしましょう」運動、減塩運動をずっとしていますけれども、当然ながら、(専売制度が存続していたとすれば)塩に対する税金は減っているでしょう。

「いや、国として、早く死んでもらったほうがいい。老人保健福祉《ふくし》予算が膨大《ぼうだい》になって困っている」というのであれば(笑)、塩分を増やせばよいということになるわけです。

国としては、「海に囲まれた日本であっては、塩分というのは不可欠だった。やはり塩分があるからこそ活力が出て、生きる気力が湧《わ》いてくる。長生きすればいいというものでもなかった。元気で働けることが、いちばんの幸福なんだ」という考えもあるわけです。

ただし、これには、統計上の問題もあるでしょう。東北の人たちは日本のなかでは早死にするという統計があります。寒い地域は辛《から》いものを食べるので、塩分の摂取《せっしゅ》量が非常に多く、それで、心臓病や心筋梗塞《しんきんこうそく》、脳溢血《のういっけつ》で死ぬ人が多いため、

「塩分の摂取が体に害がある」という発表をしているわけです。ところが、これは一方的な発表であって、寒い地域は塩分を摂ることで体を温めているのです。また、それがほかの病気を防いでいる面もあります。

そうしたことを忘れて、「塩分は、脳や血管系の病気を起こしている」という説を広め、一律にそうさせているけれども、実は塩分を摂らないと、一メートルも雪が降るような寒いところでは、働く気力が湧かないし、別の病気になったりします。リウマチに罹《かか》ったり、風邪《かぜ》をひいたり、インフルエンザに罹ったりと、肉体的な弱りが出て、別の病気になって死ぬ率も増えるわけです。

そういう意味では、医学が、統計学的に大雑把《おおざっぱ》にやりすぎている面があるのではないでしょうか。

やや脱線《だっせん》しましたが、今まで、「当然だ」と思い込《こ》みすぎているものがあれば、考え直すべきだと思います。日本は、日本の独自性をある程度踏《ふ》まえた上で、

「標準は何か」ということを考えるべきでしょう。そして、日本モデルを、アジアやアフリカ、あるいは、ヨーロッパの一部等に広めていくスタイルをつくったほうがよいと思います。

もちろん、英語の勉強も進めていきたいけれども、「日本語を勉強したら、いいことがありますよ」ということを世界に広げていくような時代をつくっていくことも大事です。「もっと日本標準というのを採用していったらいいですよ」ということを考えていけばよいのではないでしょうか。

「規制の撤廃《てっぱい》」「前例主義の廃止《はいし》」が経済を活性化させる

大川隆法　とにかく、経済政策はいろいろ難しいですが、まだまだ可能性はあると思います。

ただ、政府の頭には、基本的に、ケインズ政策のようなものしか残っていないのだろうと思うのです。「成長戦略」といっても、基本的にはケインズ政策であり、「公共投資を増やして失業対策をし、景気をよくする」というようなことしか考えていません。しかし、「民間の繁栄《はんえい》には何が効くか」ということを、もう少し考えなければいけないと思うのです。

これには、やはり、規制を廃止《はいし》していかなければ駄目《だめ》でしょう。ところが、いくら指摘しても、規制が増えるのです。「規制」という言い方が悪ければ、「前例主義」でも構いませんが、「前例はこうだった」ということがどんどん溜《た》まっていき、数が増えるわけです。ただ、前例が溜まっていけば、これは規制と同じであって、こうしたものが活力を失わせるのです。

したがって、規制を減らし、〝企業速度〟を上げなければいけないと思います。

現在、当会では、「アー・ユー・ハッピー?」という月刊女性誌を出していますが、それをつくる前に、私が出した女性誌の案は、「美・アフロディーテ」という、漢字と英語を組み合わせた題を付けたものでした。ところが、特許庁が、「前例がありません。漢字なら漢字、英語なら英語。どちらかに統一してください」と抵抗《ていこう》してきたのです。「こんな勝手でバカバカしいことは、特許庁が言うようなことなのか」と思うのですが、「前例がありません」と言ってきました。

それでは、「『アフロディーテ』ならどうですか」と言うと、「『アフロディーテ』だと、類似品《るいじ》がたくさんあるので出せません」ということでした。

ともかく、ほかが取っていないようなイノベーションで、異種類の組み合わせとして、漢字と英語の組み合わせ、あるいは漢字とカタカナの組み合わせを出したら、「こんなものは前例がありませんから、受け付けられません」と言うわけです。

やはり、こういうものが、新規のものをつくることを止めているところがあるのです。努力して、「規制の撤廃《てっぱい》」「前例主義の廃止」をしていかなければ、経済は活性化しません。日銀のところを緩めただけでよくなると思ったら、間違いだと思います。「民間活力を阻害《そがい》しているものは何なのか」ということを考えるべきでしょう。

「ゆとり教育」で国際競争力を落としても反省しない元文科省課長

大川隆法　特に、役人に関しては、細《こま》かい頭になりすぎているところがありますが、それを「頭のよさ」だと考えるのであれば、問題だと思うのです。

例えば、教育においても、「ゆとり教育」をやってみたり、あるいは、昔、公立でいい学校がたくさんあったのに、「学校群制度」を実施《じっし》して、授業料が高い私立にみんな行かないといけないようになってしまった経緯《けいい》がありますけれども、まったく反省の気配《けはい》はありません。

ゆとり教育をやって、その〝教祖〟になった寺脇研《てらわきけん》・元文科省課長が、この前、何かのメディアに出ているのを見ましたが、「あれは正しかった」と、いまだに言っています。日本の国際競争力を落としたのは間違いありませんが、いまだに「ゆとり教育は正しかった」と言っているわけです。

それは〝のんびり〟できたらいいとは思いますけれども、その結果、今、ツケが回ってきていて、その世代が企業の若い戦力として使えずに困っているところがあります。

そういう失敗をしても反省しないというか、みんな出世して「局長になる、次官になる、そして辞《や》める」というように、一、二年で交代して全部代わっていきます。そのため、自分がいるときだけ成果が出なければ駄目で、あとでそれが問題になったとしても、「それは十年前の人が決めたことです」ということで、責任がまったくない状態になっています。こういうことがよくないわけです。

企業ならば、社長が替わっても責任は取らされますけれども、役所の場合は、ところてん式に上がっていったら〝終わり〟になっているところがあります。やはり、実際に「民間に活力をもたらすものは何か」を考えなければいけません。

「女性の活用」も気をつけないと社会主義に陥《おちい》る

大川隆法　安倍内閣は大臣や役員の女性の比率を上げて、「女性の躍進」とか、「女性が輝《かがや》く時代に」とか言って、言葉としてはきれいだったけれども、あっという間に〝撃《う》ち落とされて〟しまったのを見たら、準備ができていなかったというところもあったとは思います。

私のほうも今、霊言《れいげん》で日本神道《しんとう》系の神様（女神《めがみ》）の意見も出していますけども、これもやはり「複線」は要ります。複数化といいますか、「路線の複数化」は要ると思うのです。

全部が男性と同じ方向を目指すことだけが正しいとは言えないでしょう。才能に溢《あふ》れた女性にそういう道が開かれてもいいとは思うけれども、「そうではない道を選んでも構わない」という、「一定の方向に向かわない価値観」を持っていないといけないと思うわけです。

かつての日本女性も国際的評価はすごく高かったのですから、それを忘れてはいけないと思います。これは戦後に失ったものの一つでしょう。

ドイツ人も、「日本人の妻をもらうのが、いちばんの幸福」と、長らく言っていたぐらいです。日本の女性はほとんどドイツ語をしゃべれないと思いますが、「日本の女性は理想的だ」と言われていました。

ただ、今はみんな〝ヤンキー娘《むすめ》〟にどんどん変わっていっているところで、これがいいかどうかは分からないと、私は思います。

もう一段、日本固有の文化に自信を持って、広められるところは広めていくことも大事なのではないでしょうか。

それから、「女性の活用」と言っても、「託児所《たくじしょ》さえできれば働ける」というものでもありませんし、また、「男性が育児休暇《きゅうか》を取ってやれば、それで済む」というものでもないでしょう。

例えば、横綱《よこづな》が、「子供が生まれたので、ちょっと二、三場所休んで、子育てに専念します」というような社会は、何らかの「不健全性」はあると思います。横綱と結婚《けっこん》して、やがて親方夫人になるであろう方は、いちおう職業の理解は必要だし、「男女とも子育ては半々でやるべきだ。私もパートで働きたいから、横綱にも場所を休んでもらって、子育てをやってもらいます」というようなことであったら、全体的に見ると何か常識を欠いているものはあると思うのです。そういう数量的な、割り当て風の考え方は、基本的には「社会主義的な考え方」だと思わなければいけません。

「社会主義的考え」というのは、「結果平等」です。「数値的に結果平等であれば、それで満足だ」というものですけれども、それが幸福な社会かどうかは、また別な問題であると思います。

したがって、「お互いに違いを知る社会も大事だ」というふうに、私は考えています。

安倍《あべ》総理にうかがえる「国家社会主義的傾向《けいこう》」

大川隆法　安倍《あべ》さんの弱点としては、経済問題について、やや国家社会主義的な傾向《けいこう》が出ているところでしょう。

やはり、それはやりすぎている面があるわけです。むしろ今度は、民間に対して政府のほうの干渉《かんしょう》をもう少し減らしていくことも大事なのではないかと思います。もうちょっと心を割って、「どうして、こちらが思うように〝踊《おど》って〟くれないのか」を訊《き》いたほうがいいと思います。

例えば、ゼネコンがたくさん人を雇《やと》って、「スーパー堤防《ていぼう》を何百キロもつくるぞ」と言っているのに、途中で打ち切られたら、やはり怖《こわ》いでしょう。怖いから、のろのろと仕事をしながら様子を見ているところがあると思うのです。これは〝防衛本能〟なのでしかたがありません。生き残るためには、企業として守らなければいけないので、それは当然です。

そのへんのところを、もう少し聞く必要があるでしょう。

全体的に、規制緩和を進めつつ、民間活力を出していくことと、やはり、小金持ち、中金持ちを、もう少し出すことです。それを悪いことだと思わないことが大事だと思います。

今の感じで言えば、収入が多い人や消費が多い人が「悪人だ」というように取られかねません。国税庁が〝閻魔大王様《えんまだいおうさま》〟に代わって、見張っているというような世界は、結局、全体が不幸になっていく社会になります。

「人に違いが出るということは、努力によって違いが出るのだ」ということについては認めなければいけません。自由を認める以上、努力によって違いが出ることは認めなければいけないのです。ただ、チャンスに対しては、できるだけ寛容《かんよう》に、多くの人に与える必要はあると思います。

もちろん、チャンスを与えても、できない人もいるので、それについては、諦《あきら》めなければいけない面もあるでしょう。

例えば、私が、「オリンピックに選手として出れば、幸福の科学の宣伝ができるから出させろ。百メートル走ぐらいだったら、私だって出られる。百メートルを二十秒では無理だけれども、三十秒以内なら走る自信があるから、〝職業代表〟で出たい。千日回峰《せんにちかいほう》をしているところもあるから、競争上、こちらも国際舞台《ぶたい》で、百メートルぐらい走ってみたい」などと、「三十秒台でも、走る権利を認めよ」

とまで言う気はありません。それは、そういうことが好きな方や、みなさんが見ていて、見苦しくない方が走ったほうがよいと思います。

基本的に、人間は平等かもしれませんが、私は、「国際舞台で百メートルを走りたいから出せ」と、強引《ごういん》にごり押しする気はありません。たとえ幸福実現党が第一党になったとしても、「総裁に百メートルを走らせろ」とか、「聖火台に立たせろ」とか言わせて、ごり押しする気はないのです（笑）。

やはり、チャンスの平等は基本だけれども、適性というものがあるので、できないものはできませんから、それについては、諦める訓練も必要でしょう。

そういう意味で、多少、緩《ゆる》やかで、自由性のある世界をつくらないといけません。違いを認めない社会は、それなりに窮屈《きゅうくつ》だということは言っておきたいと思います。

全体には、そのようなところです。

週刊誌の記事で大臣が二人も辞《や》めるのは「情けないこと」

大川隆法　それから、最近の、「袋《ふくろ》とじ満載《まんさい》の週刊誌あたりの記事で大臣が辞《や》めていく」というのは、私も、ショックはショックでした。やはり、あまりにも情けない状態でしょう。

「あんなものは、言論雑誌としては認めない！」などと言えばよかったのです。法務大臣ならば、「報道記事が九十パーセントでなければ、マスコミとは認められない」などと、少しぐらい言ったらどうかという感じがしました。

どうも、そういう雑誌のところのほうが経営が安定しているようです。そういうものを載《の》せないところ、つまり硬派《こうは》雑誌のほうは、経営が苦しいから、悪口《わるくち》がすごくきつくなっていて、それで買わせようとしているのです。「キャッチフレーズ」で買わせようとしているので、攻撃《こうげき》がきつくなっているのです。

逆に、袋とじをしているところは、攻《せ》めるときも、硬派雑誌よりは、やや言葉が優《やさ》しいです。言葉だけで売ろうとすると、やはり、きついのでしょう。よっぽどひどい極悪人《ごくあくにん》が出てきたような書き方をしないと売れません。「見出し」だけで売っていますから、攻撃がきつくなっているところがあるように見えます。

また、小渕優子《おぶちゆうこ》さんにしても、仕事もろくにしないうちに、経済産業大臣を辞めてしまいました。

死にかかっている「日本の資本主義」を復活させたい

大川隆法　（ただ、政治家に関しては）それで何も仕事をしない人よりは、仕事をしてくれる人のほうがよいわけです。田中角栄《たなかかくえい》さんなど、今から見れば、違法行為《こうい》の山であっただろうとは推定します。

予算を引いてきて、新潟《にいがた》の山の土手《どて》っ腹《ぱら》に穴を開けて、トンネルを通したというのは、ずるいと言えば、ずるいことをしたでしょう。将来、鉄道が敷《し》かれる土地は、地価が跳《は》ね上がることが確実なため、自分で土地を買い占《し》めておき、値上がりしたところで売れば、政治資金が出るわけです。そういうことは、たくさんしたでしょうし、独裁風にトンネルの穴を開けたかもしれませんが、新潟の人、雪国の人は、いまだに感謝しているのです。一部は私欲になったかもしれないけれども、「なした事実」は遺《のこ》っているということです。

それに対して、「クリーン三木《みき》」といわれた三木元総理は、徳島《とくしま》県人でしたけれども、橋一本も架《か》けられませんでした。県民からは、「三木さんを総理にしたって、橋の一本も架からんもんね。角栄さんなら架かったに決まっているけど、三木さんは橋が架からんもんね」と言われていました。徳島から総理を出したものの、ほかの県にも配慮《はいりょ》して三本一緒に架けることになり、結局、遅《おそ》くなってしまったということで、あのときは文句《もんく》を言われていました。

要するに、クリーンだからよいわけではないのです。「クリーン」だけを言いすぎると、タイのように軍政（軍事政権）が起きます。「一部に儲かっている人たちがいて、格差が開いたのはおかしい」という思想でクリーンを求めても、それが軍政になったりするので、このあたりも、それほど行きすぎないようにしたほうがよいのではないでしょうか。

日本でも、戦前は、「クリーンな政治」ということで、軍人が台頭していたこともありますが、腐敗《ふはい》に見えるかもしれないけれども、「格差が開いてくるとき」というのは、実は、「成功者が出てきているとき」でもあるのです。そこを見落とさないようにしなくてはいけないと思います。

今、「格差の時代」ということで、リーマン・ショックの前後あたりから、かなり激しく責められていますが、これは、ある意味で、「共産主義」を別に吹《ふ》き替えたものです。「格差社会」とか、「ブラック企業」とか言っているのは、「共産主義社会をつくろう」というのを言葉を換えて言っているだけなので、気をつけないといけないわけです。

したがって、今、「日本の資本主義」が死にかかっていますけれども、これを、もう一回復活させるということが大事だと考えています。

あとがき

アベノミクスの第三の矢、「経済成長策」を現実化するためには、「許認可行政をどんどん撤廃」していくことだ。「前例主義」を体系的に廃棄《はいき》していくことだ。ボコボコ新しい役所を作ることを「政治改革」に見せかけず、役所をスリム化し、肥大化した「審議会政治」をソギ落として、責任の所在を明確化することだ。巨大な社会主義国家をつくって、国民を統制しようとすることをやめることだ。

安い税金、効果的な国防、自由を中心とする国民主体の国家経営、これがデフレ脱却をし、再び繁栄するための条件である。

二〇一四年　十一月十八日

幸福《こうふく》の科学《かがく》グループ創始者兼総裁《そうししゃけんそうさい》　大川隆法《おおかわりゅうほう》

自由《じゆう》を守《まも》る国《くに》へ

――国師が語る「経済・外交・教育」の指針――

2014年11月19日　初版第1刷

著　者　大《おお》川《かわ》隆《りゅう》法《ほう》

発行所　幸福の科学出版株式会社

〒107-0052 東京都港区赤坂2丁目10番14号

TEL(03)5573-7700

http://www.irhpress.co.jp/

印刷・製本　株式会社 東京研文社

落丁・乱丁本はおとりかえいたします

ISBN978-4-86395-605-6 C0030

写真：時事、時事［横浜海上保安部提供］

最新刊

安倍総理守護霊の弁明

総理の守護霊が、幸福の科学大学不認可を弁明！「学問・信教の自由」を侵害した下村文科大臣の問題点から、安倍政権の今後までを徹底検証。

1,400円

ソクラテス「学問とは何か」を語る

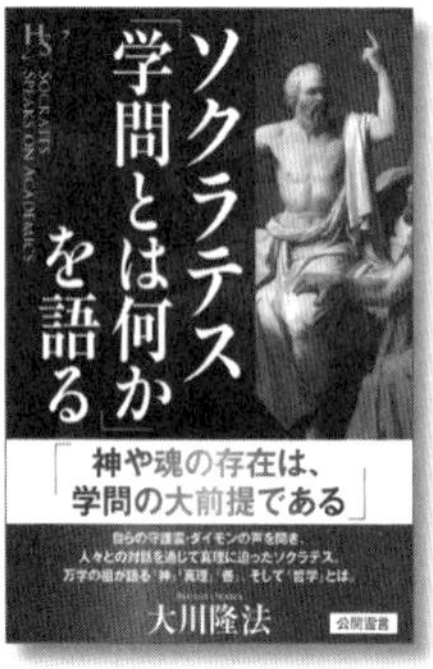

学問とは、神様の創られた世界の真理を明らかにするもの――。哲学の祖・ソクラテスが語る「神」「真理」「善」、そして哲学の原点とは。

1,500円

子供たちの夢、母の願い

それでも幸福の科学大学に行きたい

大川咲也加著

この子たちの志、努力、そして“涙”を知ってほしい。幸福の科学大学「不認可」という、子供たちを襲った突然の悲劇について、母親たちが語る。

1,300円

※表示価格は本体価格（税別）です。

大川隆法 霊言シリーズ・「信教・学問の自由」を考える

南原繁 「国家と宗教」の関係はどうあるべきか

戦時中、『国家と宗教』を著して全体主義を批判した東大元総長が、「戦後70年体制からの脱却」を提言! 今、改めて「自由の価値」を問う。

1,400円

矢内原忠雄 「信仰・言論弾圧・大学教育」を語る

幸福の科学大学不認可は、「信教の自由」「学問の自由」を侵害する歴史的ミスジャッジ! 敬虔なクリスチャンの東大元総長が天上界から苦言を呈す。

1,400円

内村鑑三 「信仰・学問・迫害」を語る

プロフェッショナルとしての信仰者の条件とは何か? 近代日本にキリスト教精神を打ち立てた内村鑑三が、「信仰論」と「伝道論」を熱く語る!

1,400円

※表示価格は本体価格(税別)です。

公開霊言シリーズ・文科行政のあり方を問う

スピリチュアル・エキスパートによる 文部科学大臣の「大学設置審査」検証 (上)

里村英一・綾織次郎　編

6人の「スピリチュアル・エキスパート」を通じ、下村文科大臣の守護霊霊言を客観的に分析した“検証実験”の前編。大学設置審査の真相に迫る！

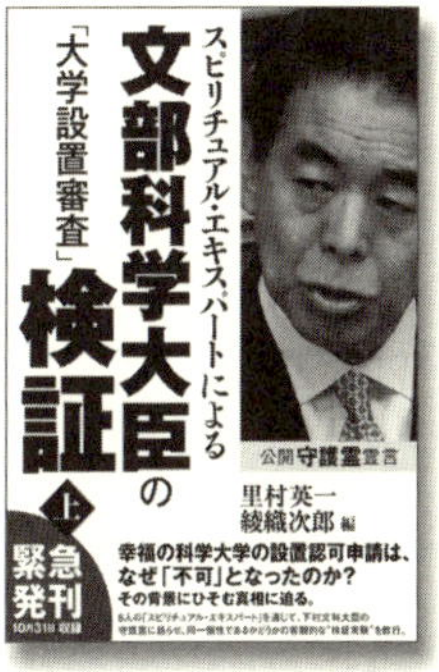

1,400円

スピリチュアル・エキスパートによる 文部科学大臣の「大学設置審査」検証 (下)

里村英一・綾織次郎　編

下村文科大臣の守護霊霊言に対する“検証実験”の後編。「学問・信教・言論の自由」を侵害する答申が決定された、驚きの内幕が明らかに！

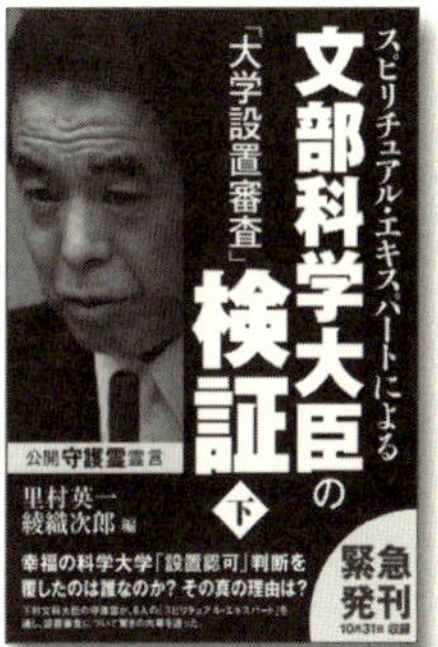

1,400円

大学設置審議会 インサイド・レポート

大学設置分科会会長 スピリチュアル・インタビュー

数多くの宗教系大学が存在するなか、なぜ、幸福の科学大学は「不認可」だったのか。政治権力を背景とした許認可行政の「闇」に迫る！

1,400円

幸福の科学出版

大川隆法霊言シリーズ・安倍政権のあり方を問う

安倍新総理 スピリチュアル・インタビュー

復活総理の勇気と覚悟を問う

自民党政権に、日本を守り抜く覚悟はあるか!? 衆院選翌日、マスコミや国民がもっとも知りたい新総理の本心を問う、安倍氏守護霊インタビュー。

【幸福実現党刊】

1,400円

吉田松陰は安倍政権をどう見ているか

靖国参拝の見送り、消費税の増税決定──めざすはポピュリズムによる長期政権? 安倍総理よ、志や信念がなければ、国難は乗り越えられない!

【幸福実現党刊】

1,400円

安倍昭恵首相夫人の守護霊トーク「家庭内野党」のホンネ、語ります。

「原発」「TPP」「対中・対韓政策」など、夫の政策に反対の発言をする型破りなファーストレディ、アッキー。その意外な本心を守護霊が明かす。

1,400円

※表示価格は本体価格(税別)です。

大川隆法ベストセラーズ・忍耐の時代を切り拓く

忍耐の法

「常識」を逆転させるために

人生のあらゆる苦難を乗り越え、夢や志を実現させる方法が、この一冊に──。混迷の現代を生きるすべての人に贈る待望の「法シリーズ」第20作！

2,000円

国際政治を見る眼

世界秩序《ワールド・オーダー》の新基準とは何か

日韓関係、香港民主化デモ、深刻化する「イスラム国」問題など、国際政治の論点に対して、地球的正義の観点から「未来への指針」を示す。

1,500円

自由の革命

日本の国家戦略と世界情勢のゆくえ

「集団的自衛権」は是か非か！？ 混迷する国際社会と予断を許さないアジア情勢。今、日本がとるべき国家戦略を緊急提言！

1,500円

幸福の科学出版

幸福の科学グループのご案内

宗教、教育、政治、出版などの活動を通じて、地球的ユートピアの実現を目指しています。

宗教法人　幸福の科学

一九八六年に立宗。一九九一年に宗教法人格を取得。信仰の対象は、地球系霊団の最高大霊、主エル・カンターレ。世界百カ国以上の国々に信者を持ち、全人類救済という尊い使命のもと、信者は、「愛」と「悟り」と「ユートピア建設」の教えの実践、伝道に励んでいます。

（二〇一四年十一月現在）

愛

幸福の科学の「愛」とは、与える愛です。これは、仏教の慈悲《じひ》や布施《ふせ》の精神と同じことです。信者は、仏法真理をお伝えすることを通して、多くの方に幸福な人生を送っていただくための活動に励んでいます。

悟り

「悟り」とは、自らが仏の子であることを知るということです。教学《きょうがく》や精神統一によって心を磨き、智慧《ちえ》を得て悩みを解決すると共に、天使・菩薩《ぼさつ》の境地を目指し、より多くの人を救える力を身につけていきます。

ユートピア建設

私たち人間は、地上に理想世界を建設するという尊い使命を持って生まれてきています。社会の悪を押しとどめ、善を推し進めるために、信者はさまざまな活動に積極的に参加しています。

海外支援・災害支援

国内外の世界で貧困や災害、心の病で苦しんでいる人々に対しては、現地メンバーや支援団体と連携して、物心両面にわたり、あらゆる手段で手を差し伸べています。

自殺を減らそうキャンペーン

年間約３万人の自殺者を減らすため、全国各地で街頭キャンペーンを展開しています。

公式サイト **www.withyou-hs.net**

ヘレンの会

ヘレン・ケラーを理想として活動する、ハンディキャップを持つ方とボランティアの会です。視聴覚障害者、肢体不自由な方々に仏法真理を学んでいただくための、さまざまなサポートをしています。

公式サイト **www.helen-hs.net**

INFORMATION

お近くの精舎・支部・拠点など、お問い合わせは、こちらまで！

幸福の科学サービスセンター

TEL. 03-5793-1727 （受付時間 火～金：10～20時／土・日：10～18時）

宗教法人 幸福の科学 公式サイト happy-science.jp

教育

学校法人 幸福の科学学園

学校法人 幸福の科学学園は、幸福の科学の教育理念のもとにつくられた教育機関です。人間にとって最も大切な宗教教育の導入を通じて精神性を高めながら、ユートピア建設に貢献する人材輩出を目指しています。

幸福の科学学園

中学校・高等学校（那須本校）

2010年4月開校・栃木県那須郡（男女共学・全寮制）

TEL **0287-75-7777**

公式サイト **happy-science.ac.jp**

関西中学校・高等学校（関西校）

2013年4月開校・滋賀県大津市（男女共学・寮及び通学）

TEL **077-573-7774**

公式サイト **kansai.happy-science.ac.jp**

幸福の科学大学

TEL **03-6277-7248**（幸福の科学 大学準備室）

公式サイト **university.happy-science.jp**

仏法真理塾「サクセスNo.1」 TEL **03-5750-0747**（東京本校）

小・中・高校生が、信仰教育を基礎にしながら、「勉強も『心の修行』」と考えて学んでいます。

不登校児支援スクール「ネバー・マインド」 TEL **03-5750-1741**

心の面からのアプローチを重視して、不登校の子供たちを支援しています。

また、障害児支援の**「ユー・アー・エンゼル！」運動**も行っています。

エンゼルプランV TEL **03-5750-0757**

幼少時からの心の教育を大切にして、信仰をベースにした幼児教育を行っています。

シニア・プラン21 TEL **03-6384-0778**

希望に満ちた生涯現役人生のために、年齢を問わず、多くの方が学んでいます。

NPO活動支援

学校からのいじめ追放を目指し、さまざまな社会提言をしています。また、各地でのシンポジウムや学校への啓発ポスター掲示等に取り組む一般財団法人「いじめから子供を守ろうネットワーク」を支援しています。

公式サイト **mamoro.org**

ブログ **blog.mamoro.org**

相談窓口 **TEL.03-5719-2170**

政治

幸福実現党

内《ない》憂《ゆう》外《がい》患《かん》の国難に立ち向かうべく、二〇〇九年五月に幸福実現党を立党しました。創立者である大川隆法党総裁の精神的指導のもと、宗教だけでは解決できない問題に取り組み、幸福を具体化するための力になっています。

党員の機関紙
「幸福実現NEWS」

TEL 03-6441-0754
公式サイト hr-party.jp

出版メディア事業

幸福の科学出版

大川隆法総裁の仏法真理の書を中心に、ビジネス、自己啓発、小説など、さまざまなジャンルの書籍・雑誌を出版しています。他にも、映画事業、文学・学術発展のための振興事業、テレビ・ラジオ番組の提供など、幸福の科学文化を広げる事業を行っています。

アー・ユー・ハッピー?
are-you-happy.com

ザ・リバティ
the-liberty.com

幸福の科学出版
TEL 03-5573-7700
公式サイト irhpress.co.jp

THE FACT

ザ・ファクト
マスコミが報道しない
「事実」を世界に伝える
ネット・オピニオン番組

Youtubeにて
随時好評配信中!

ザ・ファクト　検索

入会のご案内

あなたも、幸福の科学に集い、
ほんとうの幸福を
見つけてみませんか？

幸福の科学では、大川隆法総裁が説く仏法真理をもとに、
「どうすれば幸福になれるのか、また、
他の人を幸福にできるのか」を学び、実践しています。

入会

大川隆法総裁の教えを信じ、学ぼうとする方なら、どなたでも入会できます。入会された方には、『入会版「正心法語」』が授与されます。（入会の奉納は1,000円目安です）

ネットでも**入会**
できます。詳しくは、
下記URLへ。
happy-science.jp/joinus

三帰《さんき》誓願《せいがん》

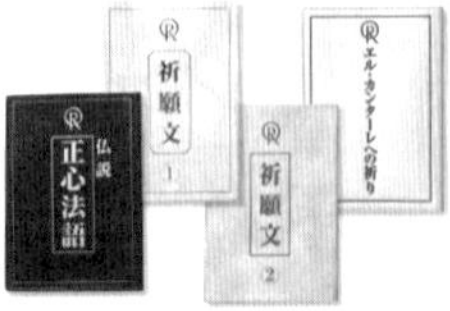

仏弟子としてさらに信仰を深めたい方は、仏・法・僧の三宝への帰依を誓う「三帰誓願式」を受けることができます。三帰誓願者には、『仏説・正心法語』『祈願文①』『祈願文②』『エル・カンターレへの祈り』が授与されます。

植福《しょくふく》の会

植福は、ユートピア建設のために、自分の富を差し出す尊い布施の行為です。布施の機会として、毎月1口1,000円からお申込みいただける、「植福の会」がございます。

「植福の会」に参加された方のうちご希望の方には、幸福の科学の小冊子（毎月1回）をお送りいたします。詳しくは、下記の電話番号までお問い合わせください。

月刊「幸福の科学」

ザ・伝道

ヤング・ブッダ

ヘルメス・エンゼルズ

INFORMATION
幸福の科学サービスセンター
TEL. 03-5793-1727（受付時間 火～金：10～20時／土・日：10～18時）
宗教法人 幸福の科学 公式サイト **happy-science.jp**